ABHANDLUNGEN

AUS DEM

STAATSWISSENSCHAFTLICHEN SEMINAR

ZU

STRASSBURG I. E.

HERAUSGEGEBEN

VON

G. F. KNAPP.

HEFT XII.

DR. KARL HELFFERICH:

DIE FOLGEN DES DEUTSCH-ÖSTERREICHISCHEN MÜNZ-VEREINS VON 1857

STRASSBURG.

VERLAG VON KARL J. TRÜBNER.

1894.

DIE FOLGEN

DES

DEUTSCH-ÖSTERREICHISCHEN

MÜNZ-VEREINS VON 1857.

EIN BEITRAG

ZUR

GELD- UND WÄHRUNGS-THEORIE.

VON

KARL HELFFERICH
DOCTOR DER STAATSWISSENSCHAFTEN.

STRASSBURG.
VERLAG VON KARL J. TRÜBNER.
1894.

G. Otto's Hof-Buchdruckerei in Darmstadt.

HERRN

PROFESSOR DR. GEORG FRIEDRICH KNAPP

GEWIDMET.

Meinem hochverehrten Lehrer Herrn Professor Dr. G. F. Knapp verdanke ich die Anregung zu dieser Arbeit, manchen guten Rat bei ihrer Durchführung und die teilweise neuen in ihr entwickelten Grundanschauungen. In Dankbarkeit lege ich ihm diese erste Frucht meiner Studien zu Füssen.

Herr Professor Dr. Varrentrapp in Strassburg i. E. hat mich in der liebenswürdigsten Weise mit Material zur Vorgeschichte des deutschen Münzvereins unterstützt. Ich will nicht versäumen, auch ihm an dieser Stelle nochmals meinen wärmsten Dank auszusprechen.

* * *

Der erste Abschnitt der vorliegenden Abhandlung ist unter dem Titel „Der deutsche Münzverein von 1857 bis 1871“ als Inaugural-Dissertation zur Erlangung der staatswissenschaftlichen Doktorwürde gedruckt.

Neustadt a. d. Haardt, Ende August 1894.

Karl Helfferich.

INHALT.

DIE FOLGEN DES DEUTSCH-ÖSTERREICHISCHEN MÜNZVEREINS VON 1857.

EINLEITUNG.

Die in Österreich bis zum Schlusse des Jahres 1867 geprägten Vereinsthaler sind bekanntlich noch heute (1894) im Deutschen Reich den Thalern deutschen Gepräges vollkommen gleichgestellt. Sie sind, der Thaler zu drei Mark gerechnet, gesetzliches Zahlungsmittel für jeden Betrag, also Kurantgeld wie die Reichsgoldmünzen. In Österreich selbst dagegen ist diesen Münzstücken seit dem 1. Juni 1893 die Geldeigenschaft genommen.[1] Wir haben hier also den merkwürdigen Fall, dass eine Münze, welche in ihrem Heimatland selbst keine Giltigkeit mehr hat, in dem Münzwesen eines fremden Staates Geldcharakter — im strengsten Sinne des Wortes — geniesst. Diese Merkwürdigkeit deutet auf interessante Vorgänge, denen sie ihr Entstehen verdankt. Bei der Untersuchung derselben werden wir auf Fragen stossen, welche für die Theorie unseres modernen Geldwesens an Belehrungen und Erkenntnissen ungemein reich sind. Nur aus diesem theoretischen Interesse, nicht weil ich den in Frage stehenden Verhältnissen irgend eine hervorragende praktische Bedeutung beilege, bin ich an die nachfolgende Untersuchung herangetreten, welche sich nicht nur mit den österreichischen Thalern, dem letzten sichtbaren Überrest des deutsch-österreichischen Münzvereins, sondern mit dessen münzpolitischen Folgen überhaupt, auch mit den heute bereits überwundenen und vergessenen, beschäftigt.

[1] Durch eine Verordnung des Finanzministers vom 12. April 1893, (gemäs Ermächtigung durch § 2 des Gesetzes vom 24. März 1893).

I. ABSCHNITT.

DER DEUTSCHE MÜNZVEREIN 1857—1867.

I. VORGESCHICHTE.

Da ich lediglich die Absicht habe, über die Folgen des deutsch-österreichischen Münzvereins zu sprechen, glaube ich dessen Vorgeschichte mit wenigen Worten erledigen zu können. Einige Hindeutungen auf den grossen politischen Zusammenhang werden genügen.

Bekannt sind Österreichs politische Bestrebungen in der Mitte unseres Jahrhunderts: „Grossdeutschland unter der Leitung Gesamtösterreichs“,[1] die grosse Idee des Fürsten Schwarzenberg. Nur als Mittel zu diesem Zweck sollte die hauptsächlich von dem genialen Minister Freiherrn von Bruck betriebene Zolleinigung sämtlicher deutscher Bundesstaaten, und später auch der deutsche Münzverein dienen. Bruck bekennt sich ausdrücklich zu diesem Gedanken in einer Denkschrift an die provisorische Bundeskommission zu Frankfurt, vom 30. Mai 1850, in welcher es heisst:

„Als den wichtigsten Schritt zu der politischen Einigung Österreichs und Deutschlands, gebaut nicht auf der Oberherrlichkeit dieses oder jenes Staates, sondern auf der organischen Einheit der Interessen, als Bürgschaft für eine glückliche Lösung der Wirrnisse, sowie für eine geordnete Entwickelung der inneren Zustände, betrachtet jeder durch Sonderbelange nicht befangene Deutsche, wie jeder unbefangene Österreicher, die österreichisch-deutsche Zolleinigung.

[1] H. v. Sybel, die Begründung des Deutschen Reiches durch Wilhelm I., 2. Bd. S. 69.

Denn ein deutscher politischer Verein muss in unsrer Zeit auch zum Zollverein werden, und umgekehrt, oder das eine wie das andere bleibt eine Unwahrheit, eine Täuschung".[1]

Hier ist die politische Tendenz der österreichischen Zollvereinigungsbestrebung mit klaren Worten ausgesprochen. In der That hatte Österreich für die nächste Zeit wirtschaftliche Vorteile von einer solchen nicht zu erwarten; im Gegenteil! Die deutsche Industrie war damals in den meisten Zweigen der österreichischen sehr überlegen. Deshalb nahmen auch die österreichischen Industriellen, besonders die böhmischen, sehr entschieden Stellung gegen Brucks Pläne, welche das bisher bestehende Prohibitivsystem bedrohten.[2]

Einer zollpolitischen Vereinigung Gesamtdeutschlands stand der bestehende Zollverein sehr im Wege. Dort hatte Preussen die Führung. Wollte es keinen politischen Selbstmord begehen, so musste es diese ausschliesslich behalten, durfte sie nicht mit Österreich teilen; mit andern Worten: es musste Österreich überhaupt vom Zollverein fernhalten. Dementsprechend verhielt es sich völlig ablehnend gegen alle diesbezüglichen österreichischen Vorschläge: zu einem Handelsvertrag war es bereit, zu einem Zollverein nie und nimmer.

Da auf diesem Wege nichts zu erreichen war, blieb Österreich das einzige Mittel, den Zollverein zu zerschmettern, und aus den Trümmerstücken ein neues Gebilde zu formen, mit oder ohne Preussen. Das war die Politik des Fürsten Schwarzenberg.[3]

Der Zeitpunkt war gut gewählt. „Damals nämlich hatten sich im Zollverein bedenkliche Spaltungen gezeigt. Preussen neigte, nicht gerade zum Freihandel, aber doch zu Zollermässigungen und Verkehrserleichterungen, während die süddeutschen Staaten im Interesse ihrer Fabrikanten auf

[1] Dr. Karl Mamroth, die Entwickelung der österreichisch-deutschen Handelsbeziehungen etc., 1887. S. 19.

[2] Mamroth, a. a. O., S. 17 ff.

[3] Siehe über die Vorgänge auf der Dresdener Konferenz und den bayrisch-sächsischen Antrag auf Zolleinigung aller Bundesstaaten. Sybel, a. a. O., S. 81.

ein möglichst vollständiges Schutzzollsystem ausgingen, und sich damit dem handelspolitischen Standpunkt des befreundeten Österreich annäherten".[1] Dazu kam, dass die süddeutschen Staaten sich für Preussen unentbehrlich glaubten. Sie bildeten den Zusammenhang zwischen der östlichen und westlichen Hälfte der Monarchie. Ihr aus dem Bewusstsein dieser Unentbehrlichkeit hervorgegangener Übermut hatte die gegenseitige Gereiztheit innerhalb des Zollvereins aufs höchste gesteigert.

Unter diesen Verhältnissen seines Sieges gewiss, setzte Schwarzenberg am 10. Juli 1851 beim Bundestag die Bildung eines handelspolitischen Ausschusses durch — zur Vorbereitung der Zollvereinigung.[2] Damit schien das Schicksal des preussischen Zollvereins besiegelt.

Preussen jedoch antwortete mit einem vorzüglichen und völlig unerwarteten, nicht in den Kreis der süddeutschen und österreichischen Berechnungen gezogenen diplomatischen Streiche: es bewog Hannover[3] und Oldenburg durch glänzende Bedingungen[4] zum Eintritt in den Zollverein, nach sehr kurzen und völlig geheimen Unterhandlungen.[5] Damit war die Unentbehrlichkeit der süddeutschen Staaten verschwunden. Hannover, Oldenburg und beide preussischen Landeshälften bildeten eine grosse kompakte Masse.

---

[1] Sybel, a. a. O., S. 155.

[2] Sybel, a. a. O., S. 141.

[3] Hannover war damals zum Abschluss eines Zollvereinsvertrages mit Preussen besonders willig, weil es in finanziellen Schwierigkeiten war. Siehe Houth-Weber, der Zollverein seit seiner Erweiterung durch den Steuerverein. 1860. S. XII.

[4] Preussen liess sich zu einer starken Herabsetzung der Zölle auf Thee, Kaffee, Wein, Franzbranntwein herbei, gestand Hannover zollfreie Einfuhr von Schienen für seine Eisenbahnen und ein Revenüenpräcipuum zu. — Siehe Sybel, a. a O., S. 156.

[5] Der Vertrag mit Hannover wurde am 7. September unterzeichnet. Schaumburg-Lippe trat am 25. September bei, der Vertrag mit Oldenburg kam am 1. März 1852 zustande. — Siehe Houth-Weber, a. a. O., S. XIII. — Der Eintritt sämtlicher Staaten in den Zollverein ward auf 1. Januar 1854 festgesetzt. Preussen teilte den Abschluss des Vertrages mit Hannover am 11. September 1851 den übrigen Regierungen des Zollvereins mit.

Im Bewusstsein seiner nunmehr gesicherten Stellung kündigte Preussen für den 1. Januar 1854 die Zollvereinsverträge[1], mit dem Beifügen, dass es auf Grund des hannoverschen Vertrages zu einer Erneuerung derselben bereit sei. Es lud die Zollvereinsstaaten für den 1. April 1852 zu Unterhandlungen nach Berlin ein.[2]

Obwohl Schwarzenberg, um Preussen zuvorzukommen, schon für den Januar eine Konferenz nach Wien berief, scheiterten seine Bemühungen.[3] Am 4. April beschlossen die süddeutschen Staaten zu Darmstadt, falls zwischen Preussen und Österreich keine Einigung erfolgte, einen eigenen Zollverein zu gründen, mit engem Anschluss an Österreich. Einen Zollverein mit Österreich wollten sie nicht mehr, da Österreich ihnen die bisherigen Zollrevenüen nicht garantieren wollte.[4] Die thüringischen Staaten traten am 26. November 1852 direkt dem preussischen Zollverein für 12 Jahre bei.[5]

In Österreich war unterdessen Fürst Schwarzenberg gestorben. Bruck, welcher jetzt die Handelspolitik allein in seiner Hand hatte, erkannte die Unmöglichkeit, für die nächsten Jahre einen allgemeinen deutschen Zollverein durchzusetzen.[6] Während die im April begonnenen preussisch-süddeutschen Verhandlungen sich ergebnislos hinzogen[7], erschien Bruck im Dezember selbst in Berlin. Auf seinen direkten Eingriff ist der Handelsvertrag zwischen Preussen und Österreich vom 19. Februar 1852 zurückzuführen.

---

[1] Durch Cirkular-Depesche vom 11. November 1851.

[2] Sybel, a. a. O., S. 160.

[3] Preussen lehnte die Teilnahme an der Wiener Konferenz ab. — Siehe Mamroth, a. a. O., S. 30. — Über die Wiener Verhandlungen. Sybel, a. a. O., S. 160.

[4] Mamroth, a. a. O., S. 31. — Sybel, S. 161.

[5] Houth-Weber, a. a. O., S. 56.

[6] Mamroth, a. a. O., S. 41.

[7] Siehe Sybel, S. 161 ff. — Der Hauptgrund der Ergebnislosigkeit der Berliner Unterhandlungen war eine formale Differenz. „Preussen beharrte auf seinem logischen Satze: erst die Erneuerung des Zollvereins und dann ein Vertrag des Zollvereins mit einem Dritten — und die Süddeutschen standen ebenso fest auf ihrer Forderung der gleichzeitigen Unterhandlung beider Gegenstände".

Derselbe brachte bedeutende gegenseitige Zollermässigungen und die gegenseitige Meistbegünstigung.[1] Art. 25 nahm für das Jahr 1860 weitere Verhandlungen über eine definitive Zolleinigung in Aussicht.[2]

Nun waren die süddeutschen Staaten völlig isoliert. Sie fügten sich schweren Herzens in das Unvermeidliche und traten durch den Vertrag vom 8. April 1853 dem neugestalteten Zollverein bei.

Bruck hatte, wie wir aus dem oben erwähnten Art. 25 sehen, die Hoffnung auf eine definitive vollständige Zolleinigung durchaus nicht aufgegeben. Es musste ihm also daran liegen, den deutschen Staaten bis zum Jahre 1860 die Vorteile einer Zolleinigung mit Österreich möglichst günstig erscheinen zu lassen. Nun bestand aber damals in Österreich die Papierwährung mit sehr beträchtlichen Schwankungen des Silberagios. Das musste den gegenseitigen Verkehr stark beeinträchtigen und die gewährten Zollerleichterungen in ihrer Wirkung wenigstens teilweise aufheben. Rau schrieb schon 1852, also vor Abschluss des Vertrages: „Ein unverkennbares Hindernis des lebhaften Verkehrs mit Österreich liegt in dem Silber und dem gesunkenen Papiergeld dieses Reiches".[3] — In dem Vertrag selbst waren baldige Verhandlungen über die einheitliche Gestaltung des deutschen und österreichischen Münzwesens aufgenommen.[4]

---

[1] Sybel, a. a. O., S. 166. — Eingehende Besprechung des Vertrages bei Mamroth, a. a. O., S. 53 ff.

[2] Der Wortlaut des Art. 25 ist: „Es werden im Jahre 1860 Kommissarien der kontrahierenden Staaten zusammentreten, um über die Zolleinigung zwischen den beiden kontrahierenden Teilen und den ihrem Zollverband alsdann angehörenden Staaten oder, falls eine solche Einigung noch nicht zustande gebracht werden könnte, über weitergehende, als die am 1. Januar 1854 eintretenden und durch die im Art. 3 erwähnten kommissarischen Verhandlungen nachträgtich festzustellenden Verkehrserleichterungen und über möglichste Annäherung und Gleichstellung der beiderseitigen Zolltarife zu unterhandeln".

[3] Rau, Über die Krisis des Zollvereins im Sommer 1852, Rau und Hanssens Archiv, N F., 2. Bd., 2. Heft, 1852. S. 16.

[4] Art. 19. „Die kontrahierenden Staaten werden noch im Laufe des Jahres 1853 über eine allgemeine Münzkonvention in Unterhandlung treten".

Wie notwendig eine Regulierung der österreichischen Valuta war, um die gewährten Verkehrserleichterungen in Wirksamkeit treten zu lassen, zeigen zahlreiche deutsche Handelskammerberichte für 1853 und die nächsten Jahre. So schreibt die Handelskammer zu Kottbus in ihrem Bericht für 1853:

„Der Stand der österreichischen Valuta verbietet den dortigen Konsumenten zur Zeit fast jeden bedeutenden Ankauf im Zollvereine, weil die Waren, die durch den Unterschied von mehr als 25 % herbeigeführte Preissteigerung in der Regel nicht tragen können". Ähnlich äussern sich die Handelskammern zu Breslau, Landeshut i. Schl., Reichenbach, Essen, Iserlohn, Mühlheim a. d. Ruhr, Solingen, Magdeburg, Altena, Krefeld, Elberfeld etc. Ich verweise auf die umfangreiche Sammlung solcher Klagen bei Mamroth, die Entwickelung der österreichisch-deutschen Handelsbeziehungen, Berlin 1887.[1]

Bruck sah sich durch diese misslichen Valutaverhältnisse um die Frucht seiner handelspolitischen Bemühungen gebracht. Konsequenter Weise musste er suchen, diese Störungen zu beseitigen, womöglich das österreichische Geldwesen auf eine Grundlage mit dem deutschen zu stellen. Leider ist die Entstehungsgeschichte des Wiener Münzvertrages von 1857 so gut wie unbekannt. In den grösseren geschichtlichen Werken findet der Münzvertrag überhaupt keine Beachtung, und auch in handelspolitischen Spezialschriften, wie in dem erwähnten Werke von Mamroth, wird er kurz abgethan. Mamroth spricht nur von einer „wahrscheinlichen" Einwirkung Brucks auf dessen Zustandekommen.[2]

[1] Mamroth, a. a. O., S. 69: „Es wird durchweg von den Handelskammern Preussens, aber auch von österreichischer Seite bestätigt, dass es die Verschlechterung der österreichischen Valuta war, welche die deutschen Industriellen zunächst abhielt, den Absatz in das jenseitige Zollgebiet zu steigern". — Folgt eine Reihe von Auszügen aus Handelskammerberichten. S. 69—73.

[2] S. 98 a. a. O.

Psychologisch erscheint mir nicht nur eine Einwirkung Brucks gewiss, sondern ich bin sicher, dass kein anderer als Bruck zur deutschen Münzeinigung die Initiative ergriffen hat. Dass Österreich es war, welches auf den baldigen Beginn der in Artikel 19 des Zoll- und Handelsvertrages in Aussicht genommenen Unterhandlungen über die deutsche Münzeinigung drängte, während sich Preussen auch hier sehr zurückhaltend zeigte, ist bekannt. Im Jahre 1854 trat die Münzkonferenz in Wien endlich zusammen.

Inzwischen hatte Österreich mit aller Energie auf die Abschaffung des Zwangskurses hingearbeitet. Das grosse National-Anlehen von 1854 sollte zur Rückzahlung der Staatsschulden an die Nationalbank dienen und dieser die Wiederaufnahme der Barzahlungen ermöglichen.[1] — Dieser Zweck wurde durch den Ausbruch des Krimkrieges vereitelt. Österreich war zur Mobilmachung gezwungen, die Kosten derselben mussten teilweise durch neue Vorschüsse der Nationalbank gedeckt werden.[2]

Gleich bei Beginn der Verhandlungen der Münzkonferenz stellte Österreich den Antrag auf allgemeine Einführung der Goldwährung. Bisher hatte in den Zollvereinsstaaten die reine Silberwährung geherrscht. Um mit wenigen Worten die damalige deutsche Münzverfassung zu charakterisieren:[3] im Zollverein bestanden seit 1838 nurmehr zwei Münzsysteme, im Norden der 14 Thaler-Fuss, im Süden der $24^1/_2$ fl.-Fuss. Münzgewicht war, wie auch im ganzen übrigen Deutschland, die Kölnische Mark gleich 233,855 Gramm. In den Staaten ausserhalb des Zollvereins bestanden eigene Münzsysteme von geringerer Bedeutung, bei allen war Silber die Währungsgrundlage, nur Bremen hatte eine Goldwährung.

---

[1] Denkschrift über das Papiergeldwesen der österreichisch-ungarischen Monarchie, verfasst im k. k. Finanzministerium, 1892. S. 6.

[2] Ebendort S. 6.

[3] Ein sehr klares und übersichtliches Bild der deutschen Münzzustände um das Jahr 1850 gibt Helferich, Die Einheit im deutschen Münzwesen, Tübinger Zeitschrift, 1850.

In Österreich bestand gesetzlich der Konventionsfuss oder 20 Gulden-Fuss, gleichfalls eine Silberwährung.

Wenn nun Österreich den Übergang zur Goldwährung vorschlug, so geschah das wohl hauptsächlich deshalb, weil seit der Entdeckung der kalifornischen Goldfelder im Jahre 1848 das Gold gegenüber dem Silber bedeutend im Wert sank und man allgemein ein noch weiteres Sinken erwartete, für Österreich die Wiederaufnahme der Barzahlungen also bei Annahme der Goldwährung leichter gewesen wäre als bei einer Rückkehr zur Silberwährung.

Es mag aber auch ein politisches Motiv mitgespielt haben. Zwischen den Zollvereinsstaaten bestand schon seit 1838 eine Art von Münzverein. Zwar hatte der Norden und der Süden jeder sein eigenes Münzsystem, aber als gemeinschaftliches Umlaufsmittel bestand das Doppelthaler- oder Dreieinhalb-Gulden-Stück. Nun mag Österreich befürchtet haben, dass dieses ursprünglich preussische und immer noch als preussisch geltende Münzstück oder ein anderes dieser Art als Vereinsmünze angenommen würde, für den Fall, dass man bei der Silberwährung beharrte, wie es später auch wirklich geschah; dass aber Österreichs Stolz sich gegen die Annahme des preussichen Münzfusses als Vereinsmünzfuss sträubte, vielleicht sogar darauf ausging, dem Verein ein unter der Ägide Österreichs geschaffenes neues Münzsystem zu geben. Das liess sich allerdings am besten durch Annahme der Goldwährung erreichen. — Wie weit dieses Motiv mitspielte, ist mir jetzt noch unmöglich zu ergründen; ich behalte es mir für später vorzunehmende Untersuchungen vor.

Von seiten Preussens wurde der vorgeschlagenen Goldwährung der heftigste Widerstand entgegengesetzt. Eine Einigung liess sich nicht erreichen, 1855 wurden daher die Verhandlungen abgebrochen.

Erst 1856 konnten sie wieder aufgenommen werden, denn Österreich hatte sich zur Nachgiebigkeit entschlossen.[1]

[1] Zur Aufklärung des Ganges der Verhandlungen mag dienen: Bruck war vom Juni 1853 an Gesandter in Konstantinopel. Finanzminister in Österreich war damals von Baumgartner. Dieser führt von

Auf Grundlage der ausschliesslichen Silberwährung kam man nach Ende des Jahres 1856 über alle Punkte überein. Am 24. Januar 1857 wurde der Münzvertrag unterzeichnet. Er ist in allen Punkten ein Sieg der preussischen Politik.

II. DER WIENER MÜNZVERTRAG VOM 24. JANUAR 1857.

Mit etwas überschwänglichem Enthusiasmus wurde die nach heissen Bemühungen erzielte Münzeinigung in Deutschland begrüsst. Es fehlte jedoch schon damals nicht an Leuten, welche das erreichte Resultat etwas kritischer betrachteten;[2] und heute, nachdem lange Jahre über die Begründung des deutschen Münzvereins hingegangen sind, und man den Münzbündnissen infolge mancher Erfahrungen etwas skeptischer gegenüber steht als noch vor zwei bis drei Jahrzehnten, liegt kein Grund und keine Versuchung mehr vor, den Münzvertrag vom 24. Januar 1857 anders als ruhig und sachlich zu betrachten.

Wie schon erwähnt gründete sich die neugeschaffene Münzverfassung vollständig auf die reine Silberwährung.[3]

---

seiten Österreichs die Verhandlungen über den Münzbund. Am 10. März 1855 wurde Bruck wieder Finanzminister. Die Wiederaufnahme der Verhandlungen und ihr Resultat ist also *sein* Werk. Das Jahrbuch zum Konversationslexikon, Leipzig, F. A. Brockhaus, 1857, 1. Bd. S. 660 bemerkt hierüber:

„Schon unter Minister v. Baumgartner hatte man an eine Reform des Münzwesens gedacht: man wünschte damals der Goldwährung möglichst Vorschub zu leisten. Allein der Grundsatz des Herrn v. Bruck, in allen Dingen, die auch Deutschland direkt berühren, mit diesem in erspriesslicher Übereinstimmung zu handeln, brachte es mit sich, dass fortan nicht mehr von der Gold- oder Gold- und Silberwährung die Rede war. In Ausführung des § 19 des Februarvertrags traten die Abgeordneten der meisten Staaten des Zollvereins und die Österreichs zum zweiten Mal im Jahre 1856 in Wien zusammen".

[2] Z. B. *Schäffle*, Die Wiener Münzkonvention etc., Tübinger Zeitschrift, 1857.

[3] Art. 2. „Mit Festhaltung der *reinen Silberwährung* ..... soll die Münzverfassung der vertragenden Staaten in der Art geordnet werden, dass etc."

Das Silber war als alleiniger Wertmesser und als ausschliessliches Währungsmetall anerkannt. Jeder Gedanke an eine Doppelwährung oder gar Goldwährung war mit peinlicher Ängstlichkeit vermieden; an manchen Stellen war förmlich demonstrativ das Festhalten an der „reinen Silberwährung“ betont, sodass der Leser sich unwillkürlich an den abgelehnten österreichischen Goldwährungsantrag erinnert fühlt.

Da Goldmünzen indes in Rücksicht auf den auswärtigen Handel überhaupt nicht zu entbehren waren, suchte der Vertrag deren Wirksamkeit wenigstens im inländischen Verkehr möglichst zu beschränken.

Zunächst wurde die Prägung aller bisherigen Landesgoldmünzen, der Friedrichsd'or, Pistolen, Dukaten u. s. w. eingestellt.[1] Die einzigen Goldmünzen, welche die vertragenden Staaten von nun an schlagen durften, waren die zwei Vereinsgoldmünzen: Die Krone und die halbe Krone, zu 10 bezw. 5 gr. feinen Goldes. Diese Goldmünzen waren indes kein gesetzliches Zahlungsmittel, sondern nur „Vereinshandelsmünzen“, zur Erleichterung des Verkehrs mit dem Auslande. Ihr Wert in den gesetzlichen Silberwährungen wurde mit Absicht nicht fixiert, er sollte lediglich durch „Angebot und Nachfrage“ bestimmt werden.[2] Es blieb zwar den einzelnen Staaten unbenommen, die Vereinsgoldmünzen an ihren Kassen zu einem bestimmten, öffentlich bekannt gemachtem Kurse anzunehmen. Aber die Dauer einer solchen Tarifierung war auf 6 Monate beschränkt, dann hatte sie von neuem zu erfolgen, und zwar war dieser amtliche Kurs nach dem Durchschnitt der amtlichen Börsenkurse der vorausgegangenen 6 Monate zu bestimmen, welchen Durchschnittskurs er keinesfalls übersteigen durfte; auch innerhalb der 6 Monate konnte die amtliche Tarifierung jederzeit zurückgezogen oder geändert werden.[3] Von diesem

[1] Art. 18. — Nur Österreich behielt sich vor, „Dukaten in bisheriger Weise bis zum Schlusse des Jahres 1865 auszuprägen“.

[2] Art. 18.

[3] Art. 21 a.

lästigen Tarifierungsrecht machten in der Folge nur wenige Staaten Gebrauch.[1] Bei diesen hatte also die Goldkrone im Verhältnis zu dem eigentlichen Währungsgelde den Charakter eines Kassenscheins[2] von schwankender Geltung. Beim Publikum waren die neuen Goldmünzen sehr unbeliebt. Die meisten gingen ins Ausland oder wurden eingeschmolzen.[3]

Die vorhandenen Landesgoldmünzen, deren Prägung von nun an gesperrt war, wurden fast noch schlimmer be-

---

[1] Nach einer Angabe Delbrücks im Reichstag am 18. November 1871 nur Hannover, Oldenburg und Bremen. Für Bremen fand indess eine Tarifierung in Silbermünzen, wie sie im Vertrage vorgesehen ist, nicht statt. Denn erstens stand Bremen ausserhalb des Zollvereins, also auch ausserhalb des Münzvertrages, dann hatte Bremen keine Silber-, sondern eine Goldwährung. Grundgeld derselben war der Louisd'or, Münzeinheit der fünfte Teil desselben unter dem Namen „Thaler in Gold". Die neue Zollvereins-Krone wurde nun in Bremen offiziell auf 8$^{2}/_{5}$ Thaler Gold tarifiert, natürlich nicht von 6 zu 6 Monaten, sondern dauernd. Sie bildete von nun an die eigentliche Grundlage der Bremer Goldwährung, und in der Bremer Bank sammelte sich ein ziemlich bedeutender Bestand von Goldkronen an. Daher kommt es, dass die Zollvereinskrone sehr oft auch „Bremer Krone" genannt wurde.

[2] Das Wesen eines Kassenscheines ist: der Staat verpflichtet sich zu dessen Annahme in Zahlung, nicht aber zu seiner Einlösung auf Präsentation; das Publikum ist zu einer Annahme in Zahlung nicht gezwungen, Unsere deutschen Reichskassenscheine führen eigentlich ihren Namen zu unrecht, da die Reichshauptkasse verpflichtet ist, sie dem Überbringer in Kurantmünzen einzulösen; sie sind also mehr als blosse Kassenscheine.

[3] Bamberger in der Reichstagssitzung vom 11. November 1871: „Meine Herrn, es ist vielleicht niemand unter Ihnen, der so viele Bremer Kronen gesehen hat, wie ich. Aber ich habe sie nicht in Deutschland gesehen, sondern im Ausland, und nur in dem Moment, wo sie noch in ihrer jungfräulichen Reinheit glänzend in den Schmelztiegel wanderten".

Nach der IV. Denkschrift des Reichskanzlers zur Ausführung der Münzgesetzgebung, vom 30. November 1875 Anlage 3 wurden an Goldkronen in sämtlichen deutschen Staaten überhaupt ausgeprägt:

1 086 757 Stück.

Vor der Münzreform wurden von den einzelnen Landesregierungen davon überhaupt keine eingezogen. Nach ihrer Ausserkurssetzung durch das Reich wurden nur 332 091 Stück zur Einlösung präsentiert. Mithin fehlt der Nachweis über 754 666 Stück, das ist über mehr als zwei Drittel der gesamten Ausmünzung.

handelt. Wenigstens nimmt es sich so aus, wenn man nur den Hauptvertrag ansieht. Die Separatartikel enthalten jedoch manche Konzession und Abschwächung.

Den Charakter eines gesetzlichen Zahlungsmittels sollten die Landesgoldmünzen so wenig besitzen, wie die Vereinsgoldmünzen. Auch enthält der Hauptvertrag die Bestimmung, dass fernerhin nur für Vereinsgoldmünzen ein Kassenkurs festgesetzt werden dürfe.[1] Aber dieses Kassenkursverbot wurde durch den Separatartikel XII. wesentlich eingeschränkt. Diejenigen Regierungen, welche ihren Landesgoldmünzen bisher einen festen, unveränderlichen Kassenkurs beigelegt hatten, sollten nicht verpflichtet sein, diesen Kassenkurs sofort aufzuheben. Die betreffenden Regierungen sollten vielmehr darauf bedacht nehmen, das bestehende Verhältnis durch allmähliches Einziehen der Landesgoldmünzen zu beseitigen.[2] — Diejenigen Regierungen, welche ihren Landesgoldmünzen bisher einen veränderlichen Kassenkurs beigelegt hatten, durften denselben bis 31. März 1862 in der bisherigen Weise regulieren. — Das waren also kleine Konzessionen an das Gold, welche indes nicht viel bedeuten.

Ganz besonders charakteristisch tritt die Betonung des Silbergeldes als Geld κατ' ἐξοχήν im Gegensatz zu den goldenen Vereinshandelsmünzen darin zu Tage, dass die vertragenden Staaten die Kosten der Abnutzung der Silbermünzen, also die Sorge für die Aufrechterhaltung des gesetzlichen Münzfusses, auf sich übernahmen.[3] Abgenutzte Silbermünzen, auch wenn das Gepräge undeutlich geworden war, nahmen sie stets zum vollen Wert bei ihren Kassen in Zahlung.[4] Unter das Passiergewicht abgenutzte Kronen dagegen nahmen sie nur mit einem der Abnutzung

---

[1] Art. 21 b.

[2] Unter diese Kategorie fielen die preussischen Friedrichsd'or. Man wird kaum fehl gehen, wenn man annimmt, dass die in Sep.-Art. XII enthaltene Konzession an das Gold auf Wunsch Preussens zustande gekommen ist.

[3] Art. 13.

[4] Art. 13.

zuzüglich der Kosten für die Neuprägung entsprechenden Wertabzuge, wobei erschwerend hinzukommt, dass das Passiergewicht und die untere Fehlergrenze im Schrot bei den Vereinsgoldmünzen zusammenfielen.[1]

So viel über die strikte Betonung der ausschliesslichen Silberwährung.

Im übrigen schuf der Wiener Münzvertrag nicht etwa eine Münzeinheit im Sinne des lateinischen Münzbundes, dass in sämtlichen vertragenden Staaten die gleichen Münzstücke geprägt worden wären, und diese, gleichgiltig welcher Staat sie geprägt, im ganzen Vertragsgebiet Geltung genossen hätten. Im Gegenteil! Der Wiener Münzvertrag schuf drei völlig verschiedene Münzsysteme und Währungsgebiete, jedoch alle drei auf Grundlage desselben Währungsmetalles; und als Bindeglied zwischen diesen verschiedenen Münzsystemen schuf er die Vereinsthaler.

Im grossen Norden Deutschlands trat an Stelle des bisherigen 14 Thalerfusses (auf die kölnische Mark bezogen) der 30 Thalerfuss (auf das Pfund zu 500 Gramm bezogen). In Süddeutschland ersetzte den bisherigen 24½ Guldenfuss der 52½ Guldenfuss.[2] Öster-

---

[1] Art. 19 und 20.

[2] Der Dreissigthalerfuss wurde eingeführt in:

dem Königreich Preussen, mit Ausschluss von Hohenzollern, in den Königreichen Sachsen und Hannover, im Kurfürstentum Hessen, im Grossherzogtum Sachsen, in den Herzogtümern Sachsen-Altenburg, Sachsen-Gotha, Braunschweig, Oldenburg mit Birkenfeld, Anhalt-Dessau-Köthen und Anhalt-Bernburg, in dem Fürstentume Schwarzburg-Sondershausen und in der Unterherrschaft des Fürstentums Schwarzburg-Rudolstadt, in den Fürstentümern Waldeck und Pyrmont, Reuss ältere und jüngere Linie, Schaumburg-Lippe und Lippe;

der Zweiundfünfzig- und-einhalb-Guldenfuss in:

den Königreichen Bayern und Württemberg, den Grossherzogtümern Baden und Hessen, im Herzogtum Sachsen-Meiningen, im Fürstentume Sachsen-Koburg, in den Hohenzollernschen Landen, im Herzogtume Nassau, in der Oberherrschaft des Fürstentums Schwarzburg-Rudolstadt, in der Landgrafschaft Hessen-Homburg und in der freien Stadt Frankfurt. (Art. 3).

Die neuen Münzfüsse, der 30 Thaler- und 52½ Guldenfuss, waren um 0,22 % leichter als die alten, der 14 Thaler- und 24½ Guldenfuss.

reich[1] führte statt seines bisher nominell fest gehaltenen, thatsächlich aber durch eine völlige Papierwährung verdrängten 20 Gulden- oder Konventionsfusses den 45 Guldenfuss ein.[2] Das Verhältnis der drei neuen Münzeinheiten zu einander war demnach:

1 Thaler = $1^3/_4$ Gulden südd. = $1^1/_2$ Gulden östr.

Mit der inneren Ordnung der einzelnen Landeswährungen befasste sich der Vertrag nicht sehr eingehend. Nur bezüglich der Scheidemünzen stellte er eingreifende Bestimmungen auf.[3] Ausserdem schrieb er die Stückelung der Kurantmünzen vor.[4] Über die genaue vollhaltige Ausmünzung dagegen und ebenso über die Verpflichtung der

---

[1] Und Lichtenstein.

[2] Gegen den Konventionsfuss war das eine Münzverschlechterung um 5,22 %.

[3] Kontingentierung des Scheidemünzumlaufes auf $^5/_6$ Thlr., bezw. $1^1/_4$ fl. pro Kopf der Bevölkerung für die Staaten der Thalerwährung und österreichischen Währung. (Sep.-Art. VIII.) — Die Staaten der süddeutschen Währung, welche seit fast einem Jahrhundert an hochgradig übertriebenem Scheidemünzumlauf krankten, behielten sich eine Vereinbarung über ein derartiges Maximum vor. „Schon jetzt aber, und bis sie eine andere Vereinbarung treffen werden, wollen die gedachten Staaten bei der Bestimmung des Gesamtbetrages, auf welchen ihre Scheidemünzen allmählich zurückzuführen sind, die für die beiden andern Münzsysteme festgestellte Maximalgrenze ebenfalls zu Grunde legen". (Sep.-Art. VIII Absatz 2).

1858 trafen die süddeutschen Staaten unter sich eine Vereinbarung über Einziehung hauptsächlich der schlechten Scheidemünzen aus dem Anfange dieses Jahrhunderts. Es ging aber damit sehr langsam vorwärts.

Ausserdem Festsetzung einer untern Minderwertigkeitsgrenze für die Scheidemünzen der drei Landeswährungen, und Beschränkung der Zahlkraft derselben bis zum Betrag des kleinsten Kurantstückes. (Art. 14.)

[4] Sep.-Art. III Ziffer 4:

a. für den 30 Thlr.-Fuss:
ausser den Vereinsthalern das $^1/_6$ Thlr.-Stück und für Sachsen — auf dessen ausdrücklichen Vorbehalt — auch das $^1/_3$ Thlr.-Stück;

b. für den 45 fl.-Fuss:
das 2 fl.-, 1 fl.- und $^1/_4$ fl.-Stück;

c. für den $52^1/_2$ fl.-Fuss:
das 2 fl.-, 1 fl.-, $^1/_2$ fl.- und $^1/_4$ fl.-Stück,

Das südd. $^1/_4$ fl.-Stück gelangte so gut wie nicht zur Ausmünzung.

einzelnen Staaten zur Einziehung ihrer stark abgenutzten Münzen erging sich der Vertrag nur in sehr allgemeinen und vagen Wendungen.[1] Weder Fehlergrenze noch Passiergewicht setzte er ziffermässig fest.

Solche Bestimmungen waren im Grunde genommen auch überflüssig. Die Landesmünzen der einzelnen Staaten wurden ja nicht allgemein im ganzen Vertragsgebiet als Zahlungsmittel zugelassen. Ein Antrag auf allgemeine gegenseitige Zulassung der Landeskurantmünzen wenigstens als gesetzliches Zahlungsmittel war bei den Verhandlungen nicht durchgedrungen. Die einzelnen Staaten hatten sogar ausdrücklich abgelehnt, sich zu verpflichten, die Münzen der mitvertragenden Staaten in ihrem Gebiet zum mindesten nicht zu verbieten.[2] Die österreichischen Landesmünzen, der Gulden und seine Teilstücke, waren also im heutigen deutschen Reich nirgends als gesetzliches Zahlungsmittel anerkannt. Niemand war bei uns verpflichtet, österreichische Gulden in Zahlung zu nehmen; wer es dennoch that, nahm sie aus eigenem Entschluss und unter eigner Verantwortung. Diese

---

[1] Zur vollhaltigen Ausmünzung Art. 6 und Sep.-Art. IV.; zur Einziehungsverpflichtung. Art. 13.

[2] Siehe Begleitvortrag der württembergischen Regierung zum Münzgesetz 1857. Dort heisst es:

„Über die allgemeine gegenseitige Zulassung auch der übrigen Kurantmünzen der vertragenden Staaten (ausser den Vereinsthalern) ist eine Vereinigung nicht erfolgt. Dem von einigen Seiten gestellten Antrage, dass wenigstens die Verpflichtung eingegangen werden möge, die Kurantmünzen der andern Staaten weder im gemeinen Verkehr zu verbieten, noch für die etwa stattfindende Annahme bei den öffentlichen Kassen oder für den allgemeinen Umlauf auf einen geringeren Wert zu setzen, als ihnen nach der im Münzvertrage ausgesprochenen Gleichstellung der gegenseitigen Münzfüsse gebührt, wurde entgegengehalten, dass das letzteres Verlangen bei den süddeutschen Münzstücken sich als unausführbar darstelle, da sich deren Tarifierungswert in Bruchteilen ausdrücke, welche durch die vorhandenen kleinsten Münzstücke nicht vollständig ausgeglichen werden können (1 fl südd. = $^4/_7$ Thlr.). Andrerseits wurde aber auch dem beschränkteren Antrag, dass wenigstens den Münzen gleichen Nennwertes, sowie denjenigen Münzen ungleicher Benennung, welche ohne Bruchteile aus dem einen in das andere Münz-

Stellung des österreichischen **Guldens** auf dem Gebiet des heutigen deutschen Reiches ist im Gegensatz zu der völlig verschiedenen des österreichischen **Thalers** für den weiteren Verlauf der Dinge streng festzuhalten.

Neben den auf ihr eigenes Münzgebiet völlig beschränkten Landesmünzen wurden als **gemeinschaftliches Umlaufsmittel** für das gesamte Vertragsterritorium zwei **Vereinsmünzen** geschaffen. Für dieselben hatte man ein allerdings halb missglücktes Vorbild an den seit der Dresdener Münzkonvention im Jahre 1838 geprägten Zwei-Vereinsthaler- oder Drei-einhalb-Guldenstücken, die wegen ihrer Grösse und Unhandlichkeit nicht sehr beliebt waren.

Art. 8. Des Wiener Münzvertrages bestimmt:

„Zur Vermittelung und Erleichterung des gegenseitigen Verkehrs unter den vertragenden Staaten sollen zwei, den in Art. 2 gedachten Münzfüssen entsprechende Hauptsilbermünzen unter der Benennung Vereinsthaler ausgeprägt werden, nämlich:

1) Das Ein-Vereinsthalerstück zu $^1/_{30}$ des Pfundes feinen Silbers mit dem Werte von bezw. 1 Thaler in Thalerwährung, $1^1/_2$ fl. Österreichischer Währung und $1^3/_4$ fl. Süddeutscher Währung.

2) Das Zwei-Vereinsthalerstück zu $^1/_{15}$ des Pfundes feinen Silbers, mit dem Werte von bezw. 2 Thaler in Thalerwährung, 3 fl. Österreichischer Währung und $3^1/_2$ fl. Süddeutscher Währung.

---

system reduziert werden können, gegenseitig dieselbe Geltung, wie den eigenen Landesmünzen beigelegt werde, entgegnet, dass es mit dem Prinzip voller Reciprocität nicht übereinstimmen würde, die Gleichberechtigung für die Münzen des 30-Thlr.- und des 45 fl.-Fusses zu beanspruchen, ohne sie ebenmässig den Münzen des $52^1/_2$ fl.-Fusses zugestehen zu können".

Schäffle, Die Wiener Münzkonvention etc., Tübinger Zeitschrift 1857, S. 285, welcher die wiedergegebene Stelle zitiert, bemerkt zu dieser Motivierung: diese Erklärungsgründe haben nur eine äussere Bedeutung. Der wahre Grund, warum eine allgemeine gegenseitige Annahme der Kurantmünzen nicht beliebt werden konnte, ist der Umstand, dass die gleichmässige Reinerhaltung des Münzfusses nicht zuvor gesichert war.

Diesen Vereinsmünzen wird zu dem angegebenen Werte im ganzen Umfange der vertragenden Staaten bei allen Staats-, Gemeinde-, Stiftungs- und andern öffentlichen Kassen, sowie im Privatverkehr, namentlich auch bei Wechselzahlungen, unbeschränkte Gültigkeit gleich den eigenen Landesmünzen beigelegt. Ausserdem soll auch in dem Falle niemand deren Annahme zu dem vollen Werte in Zahlung verweigern können, wenn die Zusage der Zahlungsleistung auf eine bestimmte Münzsorte der eigenen Landeswährung lautet. Nicht minder soll es in den vertragenden Staaten jedermann gestattet sein, Vereinsmünzen ausdrücklich und mit der Wirkung in Zahlung zu versprechen oder sich zu bedingen, dass in diesem Falle letztere lediglich in Vereinsthalern zu leisten ist".

In diesem Artikel wurzelt die ganze Frage der österreichischen Vereinsthaler. Ich habe ihn deshalb wörtlich und unverkürzt wiedergegeben. Die Vereinsthaler waren also im ganzen Vertragsgebiet, ganz ohne Ansehen des Staates, welcher sie geprägt, rechtlich den verschiedenen Landesmünzen nicht nur gleichgestellt, sondern ihr Charakter als gesetzliches Zahlungsmittel war sogar ein qualitativ höherer als derjenige der Landeskurantmünzen. Der Unterschied zwischen Landesmünzen und Vereinsthalern war einseitig zu Gunsten der letzteren aufgehoben. Verträge, auf bestimmte Landesmünzsorten lautend, konnten in Vereinsthalern erfüllt werden, nicht aber auf Vereinsthaler lautende Verträge in Landesmünzen.

Während bezüglich der Ordnung ihrer Landesmünzsysteme den einzelnen Staaten ein ziemlich weiter Spielraum gelassen war, setzte der Vertrag bezüglich der Vereinsmünzen alle Vorschriften bis ins kleinste Detail fest: Legierung, Durchmesser der Stücke, Gepräge;[1] bei den Ein-Vereinsthalern auch ein Minimum, zu dessen Ausprägung

[1] Art. 10.

die einzelnen Staaten verpflichtet waren, während ein Prägezwang für die Zwei-Vereinsthalerstücke nicht bestand.[1] Ebenso war die Fehlergrenze in Schrot und Korn vertragsmässig festgelegt[2] und — ein erheblicher Fortschritt im deutschen Münzwesen — auch ein Passiergewicht.[3]

Die Ausmünzung an Vereinsthalern eines jeden der vertragenden Staaten stand unter der Kontrolle der Gesamtheit der kontrahierenden Regierungen. Ergab sich eine fehlerhafte Ausmünzung, so war die betreffende Regierung verpflichtet, den ganzen Jahrgang, welchem die fehlerhafte Ausmünzung angehörte, wieder einzuziehen. Für streitige Fälle war ein Schiedsgericht vorgesehen.[4]

Bezüglich des Passiergewichtes waren die vertragenden Staaten gehalten, bei ihren Kassen eingehende Stücke ihres Gepräges zu prüfen. Betrug die Abnutzung beim Ein-Vereinsthaler 2 %, beim Doppelthaler 1½ % des Normalgewichtes, so durften die Stücke nicht mehr ausgegeben werden. Ausserdem war jeder Staat verpflichtet, auf Antrag eines der mitvertragenden Staaten Vereinsmünzen seines Gepräges, welche die erwähnte Abnutzungsgrenze überschritten hatten, in Summen von nicht unter 1000 Thalern in vollhaltige umzuwechseln, welches übrigens die einzige Umtauschverpflichtung der Staaten bezüglich ihrer Vereinsmünzen war.

Nach diesen Bestimmungen bildeten also die Vereinsthaler eine durchaus gemeinschaftliche Masse, bei welcher es auf das Gepräge der einzelnen Stücke nicht ankam. Nur die Ausmünzung und Aufrechterhaltung der Vollwichtigkeit war Sache der einzelnen Staaten. Im übrigen war es für den Geldcharakter eines Vereinsthalerstückes ganz gleichgiltig, ob es in Berlin oder in Wien ausgemünzt war.

---

[1] Art. 11.

[2] Art. 10: Im Korn 3 Tausendteile; im Schrot beim Einthalerstück 4 Tausendteile; im Schrot beim Zweithalerstück 3 Tausendteile.

[3] Sep.-Art. VII.

[4] Art. 12. — Sep.-Art. VI und VII.

Der Wiener Münzvertrag begründete — um das Ganze zu überblicken — eine überaus merkwürdige Münzverfassung: Drei scharf abgegrenzte Münzgebiete mit verschiedenen Münzsystemen, welche nicht einmal ihre Kurantmünzen gegenseitig zulassen; also nichts weniger als eine Münzeinheit. Daneben ein allen gemeinschaftlicher Umlauf einer bestimmten stark privilegierten Münzsorte. Der deutsche Münzverein ist also ebenso einzig in seiner Art, und ebenso charakteristisch, wie die deutsche Bundesverfassung und der deutsche Zollverein.

Vorbedingung für die Lebensfähigkeit der neuen Münzeinigung war natürlich, dass Österreich seinen „mit den Prozenten des Silberagios wechselnden Banknotenfuss" (Helferich)[1] verliess und die Barzahlungen wieder aufnahm. Das war denn auch im Vertrage vorgesehen. Art. 22 bestimmte:

„Keiner der vertragenden Staaten ist berechtigt, Papiergeld mit Zwangskurs auszugeben oder ausgeben zu lassen, falls nicht Einrichtung getroffen ist, dass solches jederzeit gegen vollwertige Silbermünzen auf Verlangen der Inhaber umgewechselt werden könne.[2] Die in dieser Beziehung zur Zeit etwa bestehenden Ausnahmen sind längstens bis zum 1. Januar 1859 zur Abstellung zu bringen".

Das „Etwa" bezog sich auf Österreich. Wir werden sehen, wie es sich damit abfand.

Zum Schlusse noch die Bestimmungen über die Auflösung des Vertrages. Seine Dauer wurde zunächst bis zum Schlusse des Jahres 1878 festgesetzt. Dann sollte er stillschweigend von fünf zu fünf Jahren weiterlaufen. Eine Kündigung musste mindestens zwei Jahre vor Ablauf der vorläufig festgesetzten oder stillschweigend verlängerten

---

[1] „Die Einheit im deutschen Münzwesen", Tübinger Zeitschrift 1850, S. 400.

[2] Danach wäre also der „corso legale", wie er heute in England für die Noten der Bank von England, in Frankreich für die Noten der Bank von Frankreich besteht, gestattet; nicht aber der „corso sforzoso".

Vertragsdauer stattfinden.[1] Bezüglich der allenfallsigen Auflösungsbedingungen enthielt der Vertrag keinerlei Normen. Über Auswechselung, Einlösung und Ausserkurssetzung der Vereinsthaler bestimmte er nichts. Nach erfolgter Kündigung seitens eines der vertragenden Staaten sollten sofort Verhandlungen stattfinden „um die Veranlassung der erfolgten Rücktrittserklärung und somit diese Erklärung selbst im Wege gemeinsamer Verständigung zur Erledigung bringen zu können".

III. THATSÄCHLICHE ENTWICKELUNG DER DEUTSCHEN MÜNZVERHÄLTNISSE BIS ZUM AUSSCHEIDEN ÖSTERREICHS AUS DEM MÜNZVEREIN.

Die erzielte Münzeinigung stand, was Österreich betrifft, zunächst nur auf dem Papier, so lange Österreich den Zwangskurs für die Noten der Nationalbank nicht abgeschafft hatte. Österreich traf alle Vorbereitungen zu dessen Aufhebung. Am 6. September 1858, also noch vor dem Termin, an welchem vertragsgemäss der Zwangskurs fallen musste, wurden in Wien die Barzahlungen aufgenommen. Österreich hatte wieder eine Metallwährung. Aber nicht für lange. Am 1. Januar 1859 hielt der Kaiser Napoleon III. seine bekannte Neujahrsrede. Für Österreich begann der italienische Krieg: Magenta und Solferino. Am 21. April 1859 wurden die Barzahlungen von neuem eingestellt und trotz des Wiener Münzvertrages der Zwangskurs wieder eingeführt. Von den mitvertragenden Staaten erhob in richtiger Würdigung der schwierigen Lage Österreichs und in Anerkennung der vis major keiner Einspruch gegen diesen notgedrungenen Bruch des Vertrages.

In den sechziger Jahren wurde unter der geschickten Leitung Pleners ein zweiter Versuch in der erwähnten Richtung unternommen. Mit grosser Umsicht wurde die Wiederaufnahme der Barzahlungen vorbereitet. Alles stand aufs beste. Österreich war nahe am Ziel. Da setzte der

[1] Art. 27.

deutsche Krieg ein, verhängnisvoller noch wie vorher der italienische. Zu den Banknoten mit Zwangskurs kamen jetzt noch Staatsnoten hinzu, und bis auf den heutigen Tag ist Österreich die Rückkehr zu einer metallischen Valuta nicht gelungen.[1]

Der deutsche Krieg hatte den Austritt Österreichs aus dem Münzverein zur Folge. Während der ganzen Vertragsdauer blieb also Österreich — ausgenommen die Zeit vom 6. September 1858 bis zum 21. April 1859 — in der Papierwährung stecken. Der Vertrag wurde also in Bezug auf Österreich niemals recht praktisch. Sein handelspolitischer Zweck, die Schwankungen im Verhältnis der beiderseitigen Zahlungsmittel zu beseitigen, war damit verfehlt.

Nichtsdestoweniger prägte Österreich während der Dauer des Vertrages eine bedeutende Summe Metallgeld; nach den Tabellen zur Währungsstatistik, verfasst im k. k. Finanzministerium, von 1858—1867 (inkl.) an Landeskurantgeld 153958267,75 fl., an Vereinsmünzen — und diese interessieren uns hier mehr —

	31060321	Thaler	in Ein-Vereinsthalern
	55528	„	„ Doppelthalern.
Sa.	31115849	„	= 46673233,5 fl.[2]

[1] Siehe „Denkschrift über das Papiergeldwesen der österreichisch-ungarischen Monarchie" verfasst im k. k. Finanzministerum. 1892.

[2] Haupt gibt an (histoire monétaire S. 135) 46842935 fl.

Die detaillierten Zahlen sind nach den „Tabellen zur Währungsstatistik" 1893, verfasst im k. k. Finanzministerium:

	Doppelthlr.	Einfache Thlr.	Summe in Thlrn.
1858	1644	9154241	9157529
1859	—	4948703	4948703
1860	—	1619957	1619957
1861	—	3139883	3139883
1862	—	998292	998292
1863	—	2208830	2208830
1864	—	2635798	2635798
1865	7425	2084630	2099480
1866	10395	2589405	2610195
1867	8300	1680582	1697182
Summa:	27764	31060321	31115849,

In den Staaten des heutigen deutschen Reiches wurden von 1857—1871 geprägt: ca. 228,7 Millionen Thaler an Vereinsthalern und Doppelthalern, und nur gegen 6,3 Millionen Thaler an anderem Kurantgeld und zwar in Landeskurantgeld der Thalerwährung (1/3 und 1/6 Thalerstücke) und in Kurantgeld der süddeutschen Währung zusammengenommen.[1]

Die naturgemässe Folge des Zwangskurses mit Agio in Österreich war — wie überall — dass das Papiergeld das Metallgeld ausser Landes trieb; zunächst natürlich die Vereinsthaler, welche ja in den benachbarten deutschen Staaten überall gleich den dortigen Vereinsthalern und den dortigen Landesmünzen in Zahlung genommen werden mussten. So kam es, dass bei der Aufhebung des Münzvertrages im Jahre 1867 der grösste Teil der österreichischen Vereinsthaler sich im deutschen Umlaufe befand, während umgekehrt kaum irgend welche Thaler deutschen Gepräges in Österreich kursierten.[3] Man sah damals in diesem Zustand von deutscher Seite keinen Nachteil; und wenn man genau überlegt, so findet man vielleicht eher, dass auf die Dauer Österreich der benachteiligte Teil gewesen wäre. Bei der Ausmünzung von Vereinsthalern konnte die österreichische Regierung kaum einen nennenswerten Münzgewinn machen, weil sich überhaupt bei der

---

[1] Die genauen Ziffern sind nach der Statistik in Nummer 15 der Drucksachen des Reichstags von 1873:

Ausmünzung von 1857—1871:

in Zweithalerstücken	13 977 994	Thlr.		
„ Einthalerstücken	214 720 531	„		
Summa:	228 698 525	„		

in Vereinzmünzen.

in 1/3 Thalerstücken	429 434	Thlr.	20	Sgr.		
„ 1/6 „	1 503 691	„	5	„		
„ 2/1 Guldenstücken	214 072	„				
„ 1/1 „	2 225 408	„	17	„	1	Pf.
„ 1/2 „	1 914 266	„	17	„	2	„
Summa:	6 286 772	Thlr.	29	Sgr.	3	Pf.

in Landeskurantmünzen.

[3] Soetber, Denkschrift betreffend die deutsche Münzeinigung, 1869; abgedruckt in Hirths „Annalen" 1869. Siehe dort S. 735 ff.

Ausmünzung von vollwertigem Kurantgeld, besonders wenn die Prägung auf Privatrechnung gegen eine geringe Münzgebühr gestattet ist, kein in Betracht kommender Münzgewinn machen lässt. Wie es in Wien mit der freien Ausprägung von Vereinsthalern stand, habe ich allerdings nicht in Erfahrung bringen können. Nach dem Finanzministerial-Erlass vom 8. Oktober 1858 waren Ein- und Zweiguldenstücke gegen 1 Prozent Prägegebühr, Levantiner-Thaler gegen 1 1/2 Prozent Prägegebühr für Private frei ausprägbar.[1] Von den Vereinsthalern spricht der Erlass nicht. Dagegen bestand in den deutschen Staaten, wenn auch nicht gesetzlich, so doch thatsächlich, freies Prägerecht. In Berlin kaufte die Münze Silber zu regelmässig veröffentlichten wechselnden Preisen, je nach dem stärkeren oder schwächeren Angebote. 29 Thaler 23 Silbergroschen dürfte der durchschnittliche Preis für das Pfund Feinsilber gewesen sein.[2] Das entspricht einer Münzgebühr von 7 Silbergroschen auf 30 Thaler oder 7/9 Prozent. Diese beiden Umstände: die freie Ausprägung von Landeskurant in Österreich und die freie Ausprägung der Vereinsthaler in Deutschland, mussten natürlich, jeder an sich allein schon, verhindern, dass Österreich an den Vereinsthalern, auch wenn es sie nicht für Privatrechnung prägte, einen erwähnenswerten Gewinn erzielen konnte.

Andrerseits nützten sich die Thaler im Umlauf ab, und zwar die österreichischen grösstenteils im deutschen Umlauf. Österreich trug also gemäss der Vertragsbestimmungen über das Passiergewicht die Kosten der Aufrechterhaltung eines Umlaufsmittels, von welchem nicht ihm selbst, sondern den übrigen Staaten ein Vorteil erwuchs. Auf die Dauer wäre Österreich sicherlich durch dieses Verhältnis geschädigt worden. Der Vertrag währte indes nur

---

[1] Die österreichische Gesetzgebung über Münzen etc., von Ignaz Gruber; Manz'sche Gesetzausgabe, Wien 1886.

[2] Siehe das Bremer Handelsblatt vom 6. Januar 1872. „Münzpolitische Aufsätze. I. Ausmünzung für Privatrechnung" von -r (Soetbeer?)

10 Jahre, und in dieser kurzen Zeit kann sich ein Thalerstück im gewöhnlichen Umlauf unmöglich um 2 Prozent abnutzen. Die Schädigung Österreichs trat also nicht ein.

Den deutschen Staaten ging höchstens ein ganz kleiner fiskalischer Gewinn aus den Prägegebühren verloren, weil auch Österreich einen Teil des deutschen Umlaufes versorgte. Daran ist festzuhalten, dass Österreich nicht ansehnlich mehr Thaler in unsern Umlauf einführen konnte, als dieser auch sonst an sich gezogen hätte. Das Bedürfnis nach Zahlungsmitteln, welches sonst durch Neuprägung an deutschen Münzstätten Befriedigung gesucht hätte, konnte nun teilweise durch die einströmenden österreichischen Thaler befriedigt werden.

Aber nicht bloss die österreichischen Thaler kamen zu uns herüber, sondern auch die österreichischen Gulden, Doppelgulden und Viertelgulden, obwohl diese gesetzlich bei uns nicht zugelassen waren. Sie wurden aber nichts desto weniger bereitwillig genommen, besonders in Süddeutschland, wo dieselben nicht einmal von den öffentlichen Kassen zurückgewiesen wurden. Dort hatte man eben damals noch keinen Sinn für ein geordnetes, reines Münzwesen. Man steckte noch tief in dem althergebrachten Münzwirrwar, so dass durch Zulassung auch der österreichischen Gulden nicht viel verschlimmert wurde. Im Gegenteil, diese Zulassung war nur eine Konsequenz des bestehenden süddeutschen Münzzustandes. Dort waren in Umlauf, in gesetzlichem sogar: Kronenthaler,[1] süddeutschen, österreichischen und brabanter Gepräges, süddeutsches und österreichisches Konventionsgeld, Münzen des $24^1/_2$-Guldenfusses, jetzt auch die neuen des $52^1/_2$-Guldenfusses; Thaler des 14 Thalerfusses, jetzt auch des 30 Thalerfusses; ferner wurden allgemein genommen, auch bei den Staatskassen und in Frank-

[1] Die Prägung der Kronenthaler war seit 1837 gesperrt. 1845 war ihre „allmähliche“ Einziehung auf der Münchener Münzkonferenz beschlossen worden. Trotzdem wurde nach ihrer Ausserkurssetzung am 1. April 1874 durch das Reich von ihnen noch ein Betrag im Wert von 7 973 749 Mark eingelöst.

furt auch bei Wechselzahlungen französisches Frankengeld, hauptsächlich die Fünffrankenthaler; auch niederländisches Guldengeld lief in nicht unerheblichen Mengen um. Wie hätte man da allein die neuen österreichischen Gulden des 45 Guldenfusses ausschliessen können? Warum die Österreicher, die doch einmal im deutschen Münzverein waren, schlechter behandeln als die Holländer und Franzosen!

In Norddeutschland allerdings hatte man mit preussischem Geiste stets etwas mehr auf Ordnung in eigenem Hause gehalten.[1] Die im Norden für den Geldverkehr massgebende Preussische Bank weigerte sich auch jetzt, nach dem Wiener Münzvertrag, österreichische Landesmünzen in Zahlung zu nehmen. Den öffentlichen Kassen war zwar nicht deren Annahme, wohl aber deren Ablieferung an vorgesetzte Kassen verboten, was zur Folge hatte, dass auch jene grösstenteils die Annahme verweigerten. Das wirkte natürlich auch auf das Publikum zurück. Nichtsdestoweniger liefen auch im Norden österreichische Viertelguldenstücke, welche in ihrem Gehalt völlig mit den Sechstelthaler- oder Fünfgroschenstücken übereinstimmten, in ziemlicher Menge um. Der Umlauf von Gulden und Doppelgulden beschränkte sich indess fast gänzlich auf den Grenzverkehr zwischen preussisch und österreichisch Schlesien.

Obwohl dieser besonders in Süddeutschland sehr stark angeschwollene Umlauf von österreichischen Landesmünzen gar keine gesetzliche Grundlage hatte, empfand man ihn damals durchaus nicht als etwas Nachteiliges. Im Gegenteil! Noch bei den Reichstagsverhandlungen über das Gesetz betreffend die Ausprägung von Reichsgoldmünzen sprach der Abgeordnete Dr. Buhl am 17. November 1871 für die Wahl des österreichischen Guldens als deutscher Münzeinheit an Stelle der Mark und begründete seinen Standpunkt mit der Sympathie des süddeutschen Volkes für das österreichische Guldengeld. „Durch die eigentümlichen Verhältnisse Öster-

[1] Nur polnische Drittelthaler oder Achtgroschenstücke liefen auch hier in nicht unerheblichen Mengen um; da Polen nicht mehr bestand, völlig heimatlose Münzen!

reichs", sagte er, „sind solche Ströme österreichischen Silbers zu uns gekommen, dass wir in den Jahren mit dem österreichischen Gulden so vertraut geworden sind, wie wir es mit dem süddeutschen Gulden waren; wir haben ihn ganz genau kennen gelernt, während die Teilstücke des Thalers weniger bei uns aufgetreten sind, und wo sie aufgetreten, mit entschiedenem Widerwillen zurückgewiesen worden sind". — Man mag daraus ersehen, wie wenig noch am Ausgang des Jahres 1871 die österreichischen Gulden in Deutschland als staatsgefährlich betrachtet wurden, dass sie sich im Gegenteil in weiten Kreisen einer deutlichen Zuneigung erfreuten. Die Gulden, welche nicht einmal gesetzlich zugelassen waren! Und noch am Ende des Jahres 1871! — Wie viel weniger Bedenken konnte man also in Deutschland gegen die gesetzlich anerkannten österreichischen Thaler haben! Dazu noch während der Dauer des Vertragsverhältnisses!

Diese Auffassung von der Unschädlichkeit, vielleicht sogar Erspriesslichkeit des österreichischen Silbers im deutschen Umlauf, zeigte sich denn auch deutlich in dem Übereinkommen über das Ausscheiden Österreichs aus dem Vertragsverhältnis.

IV. DAS AUSSCHEIDEN ÖSTERREICHS AUS DEM DEUTSCHEN MÜNZVEREIN.

Ich habe bereits erwähnt, dass der Münzbund ein vorzeitiges Ende fand durch den Krieg von 1866. Im Art. XIII des Prager Friedens wurde die Lösung des Wiener Münzvertrages besonderen Verhandlungen vorbehalten. Am 13. Juni 1867 kam in Berlin der Auflösungsvertrag zustande.

Nach demselben treten mit dem Ende des Jahres 1867 die durch den Münzvertrag vom 24. Januar 1857 begründeten Rechte und Pflichten zwischen dem Kaisertum Österreich und dem Fürstentum Lichtenstein einerseits und den deutschen Zollvereinsstaaten andrerseits ausser Wirksamkeit bis auf folgende Ausnahmen. (Art. I.)

„Die vertragenden Regierungen werden den bis zum Schlusse des Jahres 1867 nach den Bestimmungen des Münzvertrages vom 24. Januar 1857 geprägten Vereinsthalern und Doppelthalern die ihnen in Art. 8 des eben genannten Vertrages beigelegte Eigenschaft eines gesetzlichen Zahlungsmittels vor dem Ablauf des Jahres 1870 nicht entziehen, sofern sie nicht in der Zwischenzeit zu einem andern als dem jetzt bestehenden Münzsystem übergehen." (Art. II.)

„Im Falle der Einführung eines andern Münzsystemes werden die betreffenden Regierungen den übrigen Teilnehmern an dem gegenwärtigen Vertrage von dem Zeitpunkt der beabsichtigten Änderung drei Monate zuvor Kenntnis geben. Mit diesem Zeitpunkt erlischt die im Art. 2 übernommene Verbindlichkeit in Bezug auf die ihr Münzsystem ändernden Regierungen. Dagegen werden die ebengedachten Regierungen alsdann die Einlösung der Vereinsthaler und Doppelthaler ihres Gepräges wenigstens noch bis zum 1. April 1871 bewirken. In Bezug auf die Einlösung sollen für die Angehörigen der übrigen jetzt zum Münzverein gehörigen Staaten nicht ungünstigere Bedingungen gestellt werden, als für die Angehörigen desjenigen Staates, in welchem die Änderung des Münzsystemes erfolgt. Auch sollen, um den Angehörigen jener Staaten die Einlösung zu erleichtern, in den bezüglichen Grenzdistrikten an geeigneten Orten Einlösungsstellen errichtet werden". (Art. III.)

Folgt noch ein vierter Artikel betreffend die unbeschadete Fortdauer des Münzkartells von 1853 über die gegenseitige Auslieferung u. s. w. von Münzverbrechern.

Man sieht, der Hauptvertrag vom 13. Juni 1867 beschränkt seine Bestimmungen nur auf die Vereinsthaler, das gemeinschaftliche Umlaufsmittel. Ganz mit Recht! Denn nur bezüglich dieser waren nach dem Wiener Münzvertrag Bestimmungen notwendig. Bezüglich des Landesmünzwesens gewann Österreich mit dem Schlusse des Jahres 1867 naturgemäss die volle Freiheit des Handelns zurück. Alle auf Landeskurant- und Scheidemünzen, ebenso auf Papiergeld bezüglichen Vorschriften des Wiener Münzvertrages fielen für Österreich fort.

Bezüglich der Vereinsthaler brachte der Vertrag nun aber keine definitive Lösung. Sie waren nach wie vor in Deutschland und in Österreich gemeinschaftliches Umlaufsmittel.

Mit dem Aufhören des Münzvertrages musste natürlich die Gemeinsamkeit dieses Umlaufsmittels irgend wann ein Ende nehmen. — Aber wann und wie? — Darüber ging man mit sehr grosser Sorglosigkeit hinweg. Nur für einen Fall, wenn nämlich einer der vertragenden Teile vor dem Ablaufe des Jahres 1870 sein Münzsystem änderte, brachte der Vertrag von 1867 eine definitive Lösung. Dieser eine Fall trat aber nicht ein.

Zunächst sollte man nun annehmen, dass die österreichisch-ungarische Monarchie nach ihrem Ausscheiden aus dem Münzverein keine Vereinsmünzen mehr geschlagen hätte. Wunderbarer Weise wurden aber noch im Jahre 1868 168304 Einthalerstücke auf der ungarischen Münze zu Karlsburg in Siebenbürgen geprägt.[1] Mit welchem Recht und zu welchem Zweck, darüber habe ich bis jetzt nichts näheres erfahren können.

Diesen im Jahre 1868 in Karlsburg geprägten Vereinsthalern stand die Eigenschaft eines gesetzlichen Zahlungsmittels ausserhalb der österreichisch-ungarischen Monarchie nach dem Vertrage vom 13. Juni 1867 zweifellos nicht zu, ebensowenig wie den nach 1867 geprägten deutschen Vereinsthalern in Österreich. Im Vertrage von 1867 heisst es ausdrücklich: die vertragenden Staaten werden den bis zum Schlusse des Jahres 1867 geprägten Vereinsthalern die Eigenschaft als gesetzliches Zahlungsmittel nicht entziehen — ein Beweis dafür, dass niemand daran dachte, den später zur Ausprägung gelangenden diese Eigenschaft beizulegen. Mit der eben gedachten Ausnahme erloschen alle durch den Vertrag von 1857 begründeten gegenseitigen Rechte und Pflichten, also auch das Recht Österreichs, Münzen zu prägen, welche ausserhalb der Monarchie gesetzliche Zahlungskraft

[1] „Tabellen zur Währungsstatistik" des k. k. Finanzministeriums S. 44 und 56.

hatten, und die Pflicht der deutschen Staaten, solche Münzen als gesetzliches Zahlungsmittel anzuerkennen.

Andrerseits darf die Stellung dieser nachgeborenen österreichischen Vereinsthaler im deutschen Münzwesen nicht nur nach den Rechten Österreichs gegen Deutschland und Deutschlands Pflichten gegen Österreich beurteilt werden. Für den deutschen Staatsbürger sind ja nicht völkerrechtliche Verträge massgebend, sondern nur die in Gemässheit derselben erlassenen Landesgesetze. Und wie stand es bezüglich der österreichischen Thaler mit diesen?

Nehmen wir z. B. Preussen. Nach Abschluss des Münzvertrages vom 24. Januar 1857 erliess es das Münzgesetz vom 4. Mai 1857. In diesem letzteren heisst es betreffend die Vereinsthaler:

„Art. 10. — Gleich den Landesmünzen sollen sowohl bei allen öffentlichen Kassen als auch im allgemeinen und Handelsverkehr nach ihrem vollen Wert angenommen und gegeben werden. . . . .

3) „Die in Gemässheit des Münzvertrages vom 24. Januar des Jahres und in der Eigenschaft als Vereinsmünzen ausgeprägten Thaler und Doppelthaler derjenigen Staaten, welche an diesem Vertrag teilgenommen haben, oder demselben in Zukunft beitreten werden".

In Gemässheit dieses Gesetzes nahm jeder Preusse anstandslos jeden österreichischen Thaler so gut wie einen preussischen.

Nun kommt das Ausscheiden Österreichs aus dem Münzverein durch den Vertrag vom 13. Juni 1867. Der Vertrag steht wohl in der Gesetzsammlung, aber ein auf ihn erfolgtes Landesgesetz nicht. Im ganzen Zollverein existiert keine landesgesetzliche Bestimmung, welche ausdrücklich die Eigenschaft eines gesetzlichen Zahlungsmittels auf die bis 1867 geprägten österreichischen Thaler beschränkte. Jedermann, der bisher österreichische Thaler genommen hatte, nahm sie auch weiterhin, ohne sich viel um die Jahreszahl zu kümmern. Übrigens musste jedermann, der auch die 1868 geprägten Stücke als „in Gemässheit des Münzvertrages vom 24. Januar 1857 und in der Eigenschaft als Vereinsmünzen" ausgeprägt ansah, ihnen gesetzliche Zahlungskraft zuerkennen. „In der Eigenschaft als Vereinsmünzen" mussten sie jedermann geprägt erscheinen; trugen sie doch deutlich die Inschrift „Ein Vereinsthaler". Die Frage ist nur, ob Österreich das Recht hatte, Thaler in dieser Eigenschaft auch nach seinem Austritt aus dem Verein zu schlagen. Diese Frage ging indess nur die deutschen Regierungen an. Dem deutschen Staatsbürger konnte sie gleichgiltig sein. — „Als in Gemässheit des Münzvertrages vom 24. Januar 1857" ausgeprägt kann man die 1868 geprägten österreichischen Thaler wohl kaum gelten lassen. Denn wie kann Österreich in Gemässheit eines für Österreich nicht mehr geltenden Münzvertrages ausmünzen? — Aber durften andrerseits die deutschen Regierungen dem schlichten Unterthanenverstande derartige staatsrechtliche Untersuchungen zumuten? — Eine Versäumnis liegt hier zweifellos vor[1] — eine von den vielen, welche in der Frage der österreichischen Thaler begangen wurden.

Thatsächlich kamen wohl diese Karlsburger Thaler so gut wie die andern rechtmässigen österreichischen auch in Deutschland in Umlauf. Verlautet ist bisher über dieselben nichts. — Von deutscher Seite wurden sie auch später gesetzlich nicht anerkannt. Alle späteren die österreichischen Thaler betreffenden Reichsgesetze sprechen nur von den

---

[1] In einer Petition der Kölner Handelskammer an das Reichskanzleramt gelegentlich der österreichischen Thalerkrisis im März 1874 heisst es bezüglich dieser Frage:

„Ja selbst angenommen, es seien von Österreich auch noch nach dem Jahre 1867 Vereinsmünzen ausgeprägt und vermöge des gewöhnlichen Handelsverkehrs in das Gebiet des deutschen Reiches übergeführt worden" — dass dieses thatsächlich der Fall war, konnte die Kölner Handelskammer nicht wissen — „so würden unseres Erachtens nicht einmal diese von der Einlösung gegen Gold ausgeschlossen werden können, weil die deutschen Regierungen es versäumt haben, die in den deutschen Münzgesetzen von 1857 bezüglich der österreichischen Vereinsmünzen ihren Landesangehörigen auferlegten Verpflichtungen ausdrücklich zu widerrufen, oder letztere nur auf die bis zum Jahre 1867 geprägten Stücke zu beschränken".

„bis zu Schlusse des Jahres 1867 in Österreich geprägten Vereinsthalern", und diese sich stetig wiederholende Deutlichkeit der Diktion ist für mich der einzige Umstand, aus welchem sich schliessen lässt, dass man in deutschen Kreisen überhaupt von der nachträglichen Ausmünzung etwas weiss, obwohl manches andere einen daran irre machen könnte.[1]

Gesetzlich sind die 1868er österreichischen Thaler nicht deutsches Geld. Wo sich dieselben aber thatsächlich befinden, und welches ihr thatsächliches Schicksal sein wird, darüber lässt sich jetzt noch nichts sagen.

Doch kommen wir nach dieser Abschweifung zu den rechtmässigen Vereinsthalern zurück!

Der Vertrag von 1867 verpflichtete die deutschen Staaten nur, dieselben vor Ablauf des Jahres 1870 nicht ausser Kurs zu setzen — vorausgesetzt, dass bei keinem der beiden Teile eine Änderung des Münzsystemes erfolgen würde, welcher Fall, weil er nicht eintrat, für uns bedeutungslos ist. — Und dann? — nach Ablauf des Jahres 1870? Dann hat jeder Teil dem andern gegenüber auch bezüglich der Vereinsthaler völlig freie Hand. Er kann alle Vereins-

---

[1] Einen Beweis, dass die noch 1868 erfolgte Ausmünzung von Vereinsthalern in Österreich noch heute so gut wie unbekannt, vielleicht sogar noch ganz unbekannt ist, gibt Salings Börsen-Jahrbuch für 1893/94, Berlin 1893. Dort heisst es Seite 1 und 2:

„Die bis 1867 in Österreich gemünzten Thaler und Doppelthaler (später hat Österreich keine mehr geprägt) wurden etc."

Es scheint also, dass trotz der bereits 1892 vorliegenden Ausweise in den „Stat. Tabellen zur Währungsfrage" des k. k. Finanzministeriums von der nachträglichen Ausmünzung keine Notiz genommen wurde.

Dazu kommt: Nummer 15 der Akten der Silberkommission, handelnd vom deutschen Thalerumlauf, gibt eine detaillierte Aufstellung der Ausprägungen und Einziehungen von österreichischen Thalern, sowie der in Gemässheit des Abkommens von 1892 an Österreich erfolgten Abschiebungen, um den in Deutschland noch befindlichen Rest dieser Münzsorte zu ermitteln. Auch diese Aufstellung enthält nur die bis zum Schlusse des Jahres 1867 geprägten Summen und schweigt völlig über die im Jahre 1868 geprägten Stücke.

thaler oder eine bestimmmte Sorte, Deutschland z. B. die österreichischen oder Österreich die deutschen, ausser Kurs setzen, mit oder ohne Einlösung, ganz nach Belieben; er kann sie verrufen, kurz so schlecht behandeln wie er will, ohne dass der andere Teil irgend einen Einspruch dagegen erheben kann. — Wie hat man es so weit kommen lassen können, wird man heute sagen, wie haben insbesondere die deutschen Zollvereinsstaaten es damals so weit kommen lassen können? — In ihrem Umlauf befand sich der grösste Teil aller österreichischen Vereinsthaler. Wie konnten sie sorglos alle und jede Sicherstellung für deren Zukunft vernachlässigen? — Warum hat man damals, bei Auflösung des Wiener Münzvertrags, die österreichischen Thaler nicht beseitigt? Warum hat man damals keine „Liquidation" vorgenommen? — Liquidationen sind uns ja heute durch die lateinische Münzunion längst geläufig geworden. — Jetzt sind ungefähr 50 Millionen Mark in österreichischen Thalern an uns hängen geblieben, von denen das Stück als Material nach den jetzigen Silberkursen nicht einmal 1,50 Mark wert ist. Wir erleiden also, wenn wir sie durch Goldmünzen ersetzen, an diesen österreichischen Thalern einen Verlust von mehr als 25 Millionen Mark. Dabei denkt man mit einem gewissen Neid an die berühmte lateinische Liquidationsklausel vom Jahre 1885, durch welche das kluge Frankreich für den Fall einer Auflösung des lateinischen Münzbundes einen Verlust von hunderten Millionen Franken von sich abgewendet. — Wollen wir die Sache untersuchen!

Zu dem Behufe ist zwischen zwei Geldarten zu unterscheiden: zwischen vollwertigem Geld, d. h. solchem, dessen Stoffwert mit seinem Geldwert zusammenfällt, und unterwertigem Geld, dessen Stoffwert geringer ist, als der ihm vom Staate durch Tarifierung oder andere Massregeln verliehene Geldwert. Ich gebrauche hier den Ausdruck „unterwertiges Geld" mit Absicht an Stelle des üblicheren Ausdrucks „Kreditgeld". Wenn man mit den Worten einen präzisen Sinn verbinden will, kann man Kreditgeld nur als eine Unterart des unterwertigen Geldes betrachten, nämlich als diejenige Unterart, deren

Geldwert durch den Kredit des Staates über ihrem Stoffwert gehalten wird. Hierher gehören z. B. unsere deutschen Kassenscheine, unsere Scheidemünzen etc., weil der Staat sich verpflichtet hat, sie an bestimmten Kassen jederzeit gegen vollwertiges Geld einzulösen. Der Staat hat aber noch andere Mittel als seinen Kredit, um den Geldwert gewisser Geldsorten über ihrem Stoffwert zu erhalten: bloses Sperren der Prägung; siehe die österreichischen Gulden, die indischen Rupien. Hier liegt nicht einmal eine Tarifierung in vollwertigem Gelde und eine Verleihung des Zwangskurses gleich vollwertigem Gelde vor, weil überhaupt kein vollwertiges Geld vorhanden ist.

Damals waren die Thaler unbedingt vollwertiges Geld, wie es jedes Geld sein muss, das gesetzlich oder thatsächlich frei ausprägbar ist. Ein Thaler enthielt $^1/_{30}$ Pfund feines Silber, konnte also nie unter den Wert von $^1/_{30}$ Pfund feinen Silbers herabsinken, höchstens um den Betrag der Abnutzung. Jedermann konnte andrerseits gegen eine geringe Gebühr für 1 Pfund feines Silber an der Münze 30 Thaler erhalten. Also konnte der Geldwert eines Thalers niemals merklich über den Wert von $^1/_{30}$ Pfund feinen Silbers steigen. Ich behaupte damit nicht, dass der Thaler damals absolut wertbeständig gewesen sei im Verhältnis zu den andern Gütern; er war es nur im Verhältnis zum Silber, dem damaligen deutschen Währungsmetall. Ein absolut wertbeständiges Geld gibt es überhaupt nicht, weil es kein absolut wertbeständiges Gut gibt. Jedes frei ausprägbare Geld folgt den Wertschwankungen seines Metalles. Die Staaten haben ihr Geld trotz seiner absoluten Wertschwankungen als Wertmesser angenommen, sie legen ihm und dem Währungsmetalle eine fingierte Wertbeständigkeit bei, die in Wirklichkeit nicht vorhanden ist. Das Geld mit seinen absoluten Wertschwankungen, nicht irgend ein unveränderlicher Wert ist für die Staaten Gegenstand aller Kontrakte. Die Staaten haben auch nicht die Pflicht, allenfalls eintretende absolute Wertschwankungen ihres Geldes zu korrigieren,[1] schon deshalb nicht, weil solche absolute

[1] Es soll damit nicht gesagt sein, dass den Staaten der Wertgang ihres Geldes durchaus gleichgiltig sein darf. Ein in seinem Werte

Wertschwankungen mangels eines absolut wertbeständigen Wertmessers nicht mit irgend einer Genauigkeit zu ermitteln sind; ebensowenig wie wir die absoluten Bewegungen der Himmelskörper im Weltraum mangels eines absolut bewegungslosen Beobachtungsstandpunktes zu erkennen vermögen. Wir sehen wohl, wie sich die Sterne im Verhältnis zur Erde bewegen, wie die Planeten im Verhältnis zur Sonne, aber welchen Weg Erde und Sonne selbst im Weltraum durchwandern, das wissen wir nicht; ebenso sieht ein Land mit Silberwährung sehr wohl, wie sich der Wert aller anderen Güter zum Silber verändert, die Veränderungen des Silberwertes selbst ist aber nicht festzustellen. — Eine Korrekturpflicht des Staates in dieser Richtung liegt also nicht vor, und wenn M. v. Schraut in seiner „Währungsfrage" meint, durch eine Wertverringerung seines Währungsmetalles und folglich seines frei ausprägbaren Hauptgeldes nehme der Staat eine schwebende Schuld auf sich, so halte ich das für eine sehr grosse Unklarheit.[1] Wenn mir heute jemand 100 Mark leiht für die Dauer von 20 Jahren, dann habe ich ihm nach 20 Jahren nicht den Wert zurück zu

---

kontinuierlich steigendes oder fallendes Geld hat für die ganze Volkswirtschaft die grössten Unzuträglichkeiten im Gefolge. Jeder Staat wird also im eigenen Interesse bestrebt sein, ein möglichst wertbeständiges Geld zu besitzen. Dass der Staat, wenn er sich von der Unzuverlässigkeit der Basis seines Geldwesens überzeugt hat — wie jetzt z. B. Indien — das Recht und die Pflicht habe, sein Geldwesen auf eine andere Grundlage zu stellen, also zum Einstellen der Prägung oder zum Währungswechsel, will ich natürlich nicht bestreiten.

[1] S 9, a. a. O. „Die Gesellschaft (der Staat) wird auf diese Weise Schuldnerin ihrer Glieder, sobald eine Wertminderung ihres Prägemetalles eintritt, und Gläubigerin derselben im Falle einer Wertsteigerung, — ein Vorgang, welcher bei einer Veräusserung des gesamten Münzvorrates deutlich zum Ausdruck gelangen müsste". — Wie sich Schraut diesen Vorgang denkt, und wie er sich „eine Veräusserung des gesamten Münzvorrates" vorstellt, ist mir nicht klar geworden. Ich glaube, dass Schraut dabei das Spiegelbild vorschwebt, welches eine Silberwährung bei sinkenden Silberpreisen auf einer auswärtigen Goldwährung erzeugt.

erstatten, welche die 100 Mark heute haben, sondern 100 Mark, ob nun der Wert von 100 Mark, oder des in ihnen enthaltenen Goldes, doppelt oder nur halb so gross ist wie heute. Im ersteren Fall wäre ich geschädigt, im letzteren mein Gläubiger, aber niemals hätte der Staat im letzteren Falle durch die Wertverringerung seines Geldes eine schwebende Schuld übernommen, so wenig wie im ersteren Falle ein Anlehen. — Die Vollwertigkeit eines Geldes hängt übrigens mit dessen Wertschwankungen nicht zusammen. Vollwertig bleibt ein Geld, so lange sein Geldwert und sein Stoffwert zusammenfallen, d. h. so lange es seinen Wert, ganz einerlei, wie dieser sich ändert, in sich selbst trägt.

Wenden wir das eben gesagte auf eine Liquidation an! Bei den Thalern fiel Geld- und Stoffwert zusammen. Ein österreichischer Thaler war ganz abgesehen von seinem gesetzlichen Geldcharakter so viel wert, wie ein deutscher Thaler. — Dadurch war eine „Liquidation" von vornherein unnötig. Unter normalen Verhältnissen wird es sich bei der Auflösung von Münzvereinen mit einem gemeinsamen vollwertigen, aber partikulares Gepräge tragenden Umlaufsmittel gewiss empfehlen, wenn ein Staat die in seinem Umlaufe befindlichen Stücke fremden Gepräges bei den anderen Staaten gegen in deren Umlauf befindlichen Stücke seines eigenen Gepräges umtauscht, gewissermassen aus Ordnungssinn. Eine solche Operation verbot sich aber in unserm speziellen Falle von selbst. Wohl waren nämlich die meisten österreichischen Thaler im deutschen Umlauf, aber kaum irgendwelche deutsche im österreichischen. Die österreichische Regierung hätte die ihr präsentierten österreichischen Thaler einfach deshalb nicht in deutsche umwechseln können, weil sie von diesen keine hatte. Und in was sonst hätte sie ihre Thaler überhaupt umtauschen sollen? — Das höchste, was sich bei dem scharfsinnigst angelegten Vertrag hätte erreichen lassen, wäre gewesen: dass ein nach dem Austausch verbleibender Rest von vollwertigen Münzen von dem Staate, welcher sie geprägt, gegen dasjenige Quantum Währungsmetall umgewechselt werden muss, welches dieser Rest enthalten sollte. Damit wäre der Verlust, welcher sich durch die Abnutzung der betreffenden fremden Stücke ergeben könnte, paralysiert. Eine Ausgleichung in einem anderen Metall als dem bisherigen gemeinsamen Währungsmetall zu verlangen, in unserm besonderen Falle etwa in Gold, wäre ohne jeden Rechtsboden und geradezu widersinnig. Ein Vertrag kann nur auf der Grundlage seiner selbst gelöst werden. Hat der Vertrag die Silberwährung als Basis, hat er damit das Silber als alleinigen Wertmesser angenommen, so müssen die vertragenden Teile auch bei seiner Auflösung die sich ergebenden Schulden und Forderungen mit Silber messen und ausgleichen. Das ist so sehr a priori einleuchtend, dass es gar keiner näheren Erklärung bedarf. — Ist aber die oben besprochene Ausgleichung in ungemünztem Metall nicht vorgesehen, dann kann der Staat, welchem ein Rest fremder Münzen nach dem Austausch verbleibt, dieselben ganz nach Belieben in Umlauf lassen oder einziehen, als Material verkaufen oder umprägen.

Anders steht die Sache natürlich bei Kreditgeld und unterwertigem in vollwertigem Gelde tarifierten Gelde irgend welcher Art. Der ausgebende Staat hat ihm durch Tarifierung einen seinen Stoffwert überschreitenden Wert beigelegt. Der Inhaber einer Kreditmünze hat also ausser deren Stoffwert gewissermassen noch ein Obligationsrecht gegen den Staat.[1] Falls nun in einem Münzbunde das Kreditgeld verschiedener Staaten in einander übergeht, ist naturgemäss bei der Auflösung jeder Staat zur Einlösung seines Kreditgeldes gegen vollwertiges Geld verpflichtet. Am

---

[1] „Die Hauptmünzen sind rein stoffliche Gegenstände, welche ihren Wertgang in sich selbst tragen; der Inhaber hat an diesen schlechthin nur ein Eigentumsrecht, ein ausschliessliches sachliches Recht, welches die Juristen „ius in re“ nennen. Die Scheidemünzen dagegen haben einen Kreditcharakter. Sie geben dem Inhaber etwas mehr als das Metall, aus dem sie gemacht sind; er hat ein Obligationenrecht gegen den Staat, der sie ausgegeben hat: ius in personam“. — Pirmez in der Sitzung des belgischen Abgeordnetenhauses vom 11. August 1885, zitiert bei Bamberger, Schicksale des lateinischen Münzbundes, 1886.

schwierigsten wäre die Frage einer Liquidation bei einem Münzbund mit durch blosse gesperrte Prägung unterwertigem Gelde, weil hier jeder durch Tarifierung in vollwertigem Gelde gegebene gesetzliche Massstab des Ausgleiches fehlt. Für den deutschen Münzverein kommt indes ein unterwertiges Geld irgend welcher Art nicht in Frage.

Es zeigt sich also, dass bei dem Austritt Österreichs aus dem deutschen Münzverein eine Liquidation, da es sich nur um vollwertiges Geld handelte, einmal unnötig, dann auch unmöglich war, weil die Österreicher kein deutsches Geld hatten, das sie gegen die österreichischen Thaler hätten geben können.

Ganz anders jedoch verhielt es sich mit der Frage: Sollen die österreichischen Thaler im deutschen Umlauf bleiben und wie lange? — Nach Ablauf des Jahres 1870 musste in Deutschland bezüglich der österreichischen Thaler ein völlig vertragsloser, anarchischer Zustand eintreten. Wie kann eine Regierung die Verantwortung auf sich nehmen, ein mit andern Staaten gemeinschaftliches Umlaufsmittel fortbestehen, die vertragsmässigen Abmachungen über dasselbe aber ablaufen zu lassen? — Gerade das that man. Statt auf irgend eine Weise Ordnung zu schaffen, liessen die deutschen Regierungen ruhig und ohne Böses zu ahnen, den Zeitpunkt der Vertragslosigkeit über ihre Thaler hereinkommen, und als sich die naturgemässen schlimmen Folgen dieser Unordentlichkeit späterhin zeigten, war man allgemein sehr erstaunt.

Im übrigen ist der Vertrag vom 13. Juni 1867 sichtlich auf die damalige Lage zugeschnitten. Man sieht, es war darauf gerechnet, Österreich werde vor dem Ablauf des Jahres 1870 zu einem andern Münzsystem übergehen. Da Österreich keine Thaler deutschen Gepräges im Umlauf hatte, kam also die Frage nicht in Betracht: Was soll einer der beiden Teile bei einem Wechsel seines Münzsystemes mit den in seinem Umlaufe befindlichen fremden Thalern anfangen? sondern nur: wie löst er seine draussen umlaufenden Thaler ein?

Thatsächlich schloss Österreich am 31. Juli 1867 eine Präliminarkonvention mit Frankreich. Nach derselben erhält Österreich den Gulden im genauen Wert von 2½ Franken Gold als Münzeinheit und lässt künftig — vom 1. Januar 1870 ab — Goldstücke nur in Gemässheit dieser Konvention, und zwar zu 4 Gulden = 10 Franken, zu 8 Gulden = 20 Franken und zu 10 Gulden = 25 Franken prägen. Die Einziehung seiner bisherigen Silberkurantmünzen will es nicht über den 1. Januar 1873 hinaus verschieben. Das endliche Ziel war nämlich nicht die Doppelwährung des lateinischen Münzbundes, welche Österreich nur als Übergangsstufe benutzen wollte, sondern die Goldwährung. Am 1. Januar 1870 hätte die Konvention in Wirksamkeit treten sollen.

Das am 24. Dezember 1867 zwischen Österreich und Ungarn abgeschlossene Zoll- und Handelsbündnis nahm in Art. XII. in Aussicht, dass „den beiderseitigen Vertretungen baldigst gleichartige Vorlagen zur Einführung der Goldwährung gemacht werden". Aber das Gesetz vom 9. März 1870 ordnete nur die Ausprägung von 4- und 8 fl-Stücken in Gold an, deren Annahme jedoch bis zur Einführung der in Aussicht genommenen Goldwährung dem freien Übereinkommen überlassen bleiben sollte. [1] — Aber die „in Aussicht genommene Goldwährung" kam nicht. Wäre sie gekommen, auf der geplanten Grundlage und vor dem Ablauf des Jahres 1870, dann wäre das für alle Besitzer österreichischer Thaler ein grosser Vorteil gewesen. Österreich hätte den Thaler zu 1½ Gulden Gold, d. h. zu 3¾ Franken Gold einlösen müssen, während drei deutsche Reichsmark, der spätere deutsche Tarifierungswert des Thalers nur $3^{19}/_{27}$ Franken sind, das ist etwa 4½ Centimes weniger. Die dem geplanten österreichischen Währungswechsel zu Grunde gelegte Relation 1 : 15,308 war für das Silber so günstig, dass binnen kurzer Zeit alle österreichischen Thaler nach Österreich zurückgekehrt wären und sich in Goldgeld ver-

[1] Denkschrift über den Gang der Währungsfrage, 1892; verfasst im k. k. Finanzministerium.

wandelt hätten. Österreich hätte sogar wahrscheinlich Mühe gehabt, sich die deutschen Thaler fern zu halten. Die ganze Thalerfrage hätte in ihr genaues Gegenteil umschlagen können.

Aber der Währungswechsel kam eben nicht. Das Jahr 1870 lief ab, und nun herrschte zwischen den deutschen Staaten und Österreich die geschilderte Anarchie. Da für Münzangelegenheiten auch jede völkerrechtliche Grundlage fehlt, hingen die österreichischen Thaler in Deutschland rechtlich vollkommen in der Luft.

Das war für Deutschland immer noch kein Unglück, so lange die Thaler vollwertiges Geld waren, solange der Geldwert eines Thalers sich mit dem Stoffwert von $^1/_{30}$ Pfund Silber deckte, d. h. so lange Silber das deutsche Währungsmetall blieb und das deutsche Geld an den Wertgang des Metalles Silber geknüpft war. Aber das sollte sich in Bälde ändern.

II. ABSHNITT.

DIE ÖSTERREICHISCHEN THALER IN DER DEUTSCHEN MÜNZREFORM.

I. DAS GESETZ, BETREFFEND DIE AUSPRÄGUNG VON REICHSGOLDMÜNZEN, VOM 4. XII. 1871.

Die grossen Ereignisse des Jahres 1870 und 1871 brachten die politische Einigung Deutschlands durch die Begründung des deutschen Reiches. Die von allen Seiten verlangte einheitliche deutsche Münzreform liess sich nun nicht länger hinausschieben, und andererseits war gerade durch die politische Einigung, da sie die Münzgesetzgebung der Kompetenz des Reiches unterstellte, die Möglichkeit einer einheitlichen Münzreform gegeben.

Die Münzreform brachte dem neuen Reiche an Stelle seiner mannigfaltigen Münzsysteme eine vollendet einheitliche Münzverfassung, und dann — das ist für uns noch mehr von Bedeutung: ein anderes Währungsmetall. In ganz Deutschland, mit Ausnahme der freien Stadt Bremen, hatte bisher die reine Silberwährung geherrscht. Der neue Bundesstaat schickte sich nun an, zur Goldwährung überzugehen, d. h. die Geschicke seines Geldes von dem Wertgange des Metalles Silber abzulösen und sie mit dem Wertgange des Metalles Gold zu verknüpfen. Wollen wir sehen, wie die deutsche Gesetzgebung dies bewerkstelligte!

Der Währungswechsel in Deutschland vollzog sich in zwei grossen Schritten. Der erste Schritt war das Gesetz, betreffend die Ausprägung von Reichsgoldmünzen, vom 4. Dezember 1871.

Dieses Gesetz griff in drei Punkten in die bisherigen Münzverhältnisse ein.

Einmal verordnete es die Ausprägung zweier Sorten von Reichsgoldmünzen, von Kronen und Doppelkronen (von Zehnmarkstücken und Zwanzigmarkstücken), zu je $^1/_{139,5}$ und $^1/_{69,75}$ Pfund feinen Goldes. Als neue Münzeinheit hatte man den Drittelsthaler unter dem Namen „Mark" angenommen. Vom Standpunkt der noch vorhandenen Silberwährung aus betrachtet stellt sich also diese Mark als $\frac{1}{30 \times 3} = {}^1/_{90}$ Pfund Silber dar. Nun handelte es sich bei Schaffung der neuen Reichsgoldmünzen darum, welches Quantum Gold an Wert diesem $^1/_{90}$ Pfund Silber gleich kam, um die Relation. Bei Doppelwährungen ist die Relation das immer bestehende Band, welches die beiden verschiedenmetallischen Münzsorten zu einem einheitlichen System zusammenhält; bei einem Währungswechsel ist sie eine nur augenblicklich benutzte Brücke, welche den Wertgang des Geldes von dem einen Metall zum anderen hinüberleitet; einmal überschritten, kommt sie hier nicht mehr in Betracht.[1] — Nun fand es sich, dass seit Beginn des 19. Jahrhunderts auf dem Weltmark 1 Pfund Gold mit geringen Abweichungen und Schwankungen stets $15^1/_2$ Pfund Silber gegolten hatte, dass die dauernde Relation in der Doppelwährung des lateinischen Münzbundes $1 : 15^1/_2$ war, und schliesslich, dass in den Novembertagen des Jahres 1871, an welchen der deutsche Reichstag über das erste Münzgesetz beriet, auf dem Londoner Markte genau das Verhältnis von $1 : 15^1/_2$ herrschte. Ohne Zaudern legte auch

[1] Die Relation ist natürlich nach Thunlichkeit so zu wählen, dass die Kaufkraft des neuen Geldes möglichst die gleiche bleibt, wie die Kaufkraft des alten Geldes bis zum Währungswechsel. — Gelegentlich der österreichischen Valutaregulierung wurde die Frage der Relation ausserordentlich gründlich erörtert. Eine sehr gute Übersicht aller Relationstheorien und- Vorschläge, welche bei dieser Gelegenheit auftauchten, bei Ostersetzer, Währungswechsel und Aufnahme der Barzahlungen. Wien 1892.

das deutsche Reich diese Relation der Schaffung seiner neuen Goldmünzen zu Grunde. Das 10 Markstück erhielt also einen Feingehalt von $\frac{10}{90 \times 15,5} = {}^{1}/_{139,5}$ Pfund Gold.

Ferner bestimmte das Gesetz, dass alle Zahlungen, welche bisher gesetzlich in Silbermünzen der verschiedenen Landeswährungen zu leisten waren oder geleistet werden durften, von nun an in Reichsgoldmünzen geleistet werden könnten, und zwar dergestalt, dass gerechnet wird:

Das 10-Markstück zum Wert von $3^{1}/_{3}$ Thaler, das 20-Markstück zum Wert von $6^{2}/_{3}$ Thaler — natürlich waren die neuen Goldmünzen auch in den Münzen der übrigen deutschen Landeswährungen tarifiert; diese Tarifierungen sind indes hier nicht von Bedeutung. — Man bemerke, dass in diesem Gesetze noch die Reichsgoldmünzen in den alten Landesmünzen tarifiert waren, nicht die Landesmünzen in Reichsgoldmünzen, dass also bis auf weiteres die alten Landessilbermünzen noch in Kurs blieben, und nur die neuen Reichsgoldmünzen nach einem festen Tarifierungsverhältnis an Stelle der alten Landesmünzen in Zahlung gegeben werden konnten.

Diese Bestimmung konnte für die nächste Zeit nicht tief einschneiden. Die wichtigste Vorbedingung für das Zahlen in Goldmünzen ist, dass man Goldmünzen hat. Und diese wurden ja erst noch geprägt, und zunächst ausschliesslich für Rechnung des Staates.

Die dritte wichtige Bestimmung des Gesetzes — eine Bestimmung, durch welche die Frage ob Gold-, ob Doppelwährung bereits entschieden wurde — war die Einstellung der Prägung von groben Silbermünzen, nicht bloss für Private, sondern auch für die Regierungen. Damit war die Verbindung zwischen dem Silbergeld und dem Metall Silber zerschnitten. Der Wert des Silbers als Metall war jetzt nur noch die untere Wertgrenze für das Silber als Geld, nicht mehr zugleich die obere. Während der Wert eines Pfundes Silber immer nur unmerklich über 30 Thaler steigen konnte, da man ja im Stande war, sich durch Einschmelzen von 30 Thalerstücken jederzeit mit geringen Kosten 1 Pfund Silber zu verschaffen, konnte andererseits der Wert von 30 Thalern sich bedeutend über den Wert von 1 Pfund Silber erheben, da nicht mehr die direkte Möglichkeit vorhanden war, ein Pfund Silber gegen geringe Prägekosten in 30 Thaler zu verwandeln. Es konnte nun der Fall eintreten, dass zwar das Angebot von Rohsilber die Nachfrage weit überstieg, andrerseits die Nachfrage nach gesetzlichem Zahlungsmittel, nach gemünztem Silber, sehr stark war, ein Fall der bei freier Prägung nie vorkommen kann, und welcher den Wert des Geldes über seinen Stoffwert heben muss.[1] Dieser Fall trat in die Augen springend in den Jahren 1873 bis 1875 im niederländischen Geldwesen ein;[2] auch bei der Betrachtung der österreichischen Valutaverhältnisse vom Jahre 1879 an werden wir uns an diese Thatsache erinnert fühlen. — In unserm gegenwärtigen Falle war also die Möglichkeit gegeben, dass einer, der Silber besass und Thaler dafür erwerben wollte, im dringenden Bedarfsfalle mehr als 1 Pfund Silber für 30 Thaler gab, und dass der andere umgekehrt für 1 Thaler mehr als $^1/_{30}$ Pfund Silber erhielt, also mehr als den Stoffwert eines Thalers.

Hier ist jedoch zu bemerken: Ein freies, uneingeschränktes Erheben des Geldwertes einer bestimmten Münzsorte mit gesperrter Prägung über ihren Stoffwert kann nur dort stattfinden, wo nicht eine andere Münzsorte, welche mit der ersteren durch gesetzliche Tarifierung verbunden ist oder sie wenigstens in ihrem Geldcharakter irgendwie vertreten kann, frei vermehrbar ist. Eine solche Münzsorte hatten wir nun an den neuen Reichsgoldmünzen. Deren freie Ausprägbarkeit vorausgesetzt, konnte der Geldwert einer Krone niemals nennenswert über den Wert von

---

[1] Nasse: Die Münzreform und die Wechselkurse, Hirths Annalen 1875 S. 604: „.... und er bekommt für 1 Pfund rohen Silbers noch lange kein Pfund Silber in Silberthalern, weil die eingeschränkte Ausprägung der Thaler denselben eine Art von Monopolpreis verschafft, der mit dem Preise des rohen Silbers gar nichts mehr zu thun hat".

[2] Nasse, a. a. O., S. 604 und 605. — Bamberger, Reichsgold, S. 145 ff.

$^{1}/_{139,5}$ Pfund feinen Goldes steigen, also auch der Wert des Thalers nicht über $^{3}/_{1395}$ Pfund Gold, da ja jederman eine Krone an Stelle von $3^{1}/_{3}$ Thaler in Zahlung geben konnte. Die thatsächliche Entwickelung der Dinge hing nun davon ab, wie sich das Wertverhältnis von $^{1}/_{30}$ Pfund Silber und $^{3}/_{1395}$ Pfund Gold, welche Metallquanta das Gesetz vom 4. Dezember 1871 als gleichwertig angenommen hatte, in der folgenden Zeit auf dem Edelmetallmarkte gestaltete; ob es sich gleich blieb, ob es sich zu gunsten oder zu ungunsten des Silbers veränderte.

II. NEUGESTALTUNG DES VERHÄLTNISSES DER ÖSTERREICHISCHEN THALER IN DEUTSCHLAND.

Schon im Dezember 1871 begann der Wert des Silbers im Verhältnis zum Golde zu fallen. Der Stoffwert eines Thalers = $^{1}/_{30}$ Pfund Silber war nun nicht mehr gleich dem Stoffwert von 3 Mark = $^{3}/_{1395}$ Pfund Gold, sondern etwas geringer. Damit war die Möglichkeit gegeben, dass sich der Wert eines Thalers über den Wert von $^{1}/_{30}$ Pfund Silber erheben konnte. Er musste das thun in dem Falle, dass ein gesteigertes Bedürfnis nach Zahlungsmitteln eintrat, welchem der vorhandene Bestand an nicht vermehrbaren Silbermünzen und an den wenig vermehrbaren Papierscheinen nicht mehr genügen konnte, zu dessen Befriedigung man Goldgeld brauchte. Naturgemäss konnte der Geldwert eines Thalers nur bis zu dem Werte von $^{3}/_{1395}$ Pfund Gold steigen, sobald die Goldprägung für Private freigegeben war. Das war nun allerdings zunächst noch nicht der Fall, indes kam das von der Regierung befolgte System des Barrenankaufes in der Wirkung dem freien Prägerecht sehr nahe.

Der thatsächliche Verlauf war, dass sich der Wert des Thalers bei dem Sinken des Silberwertes auf seinem ihm durch die gesetzliche Tarifierung der Reichsgoldmünzen beigelegten Goldwerte erhielt. Seine Verwandelung in Goldgeld war also gelungen, der Übergang zur Goldwährung war geglückt. Auch eine nachträgliche, allerdings sehr heftige Krisis in den Jahren 1874 und 1875, deren Geschichte uns hier nicht näher angeht, konnte den normalen Verlauf nur zeitweilig unterbrechen.

Was bedeuteten nun diese Verhältnisse für unsere österreichischen Thaler? Nach den Landesgesetzen, welche die einzelnen Zollvereinstaaten in Gemässheit des Vertrages vom 24. Januar 1857 erlassen hatten, waren die österreichischen Thaler den deutschen vollkommen gleichgestellt. Durch Sperrung der Silberprägung erhielt also nicht nur der deutsche Thaler, sondern mit ihm auch der österreichische die Fähigkeit, sich über seinen Silberwert zu erheben. Dadurch, dass sich in Deutschland der Bedarf nach Zahlungsmitteln — wenn auch mit einer heftigen Unterbrechung — steigerte und nur durch die Ausprägung von neuen Goldmünzen befriedigt werden konnte, dadurch, dass die neuen Goldmünzen in Thalern eine unveränderliche Tarifierung erhalten hatten, und dass der Wert des Goldes über das bei dieser Tarifierung angenommene Wertverhältnis zum Silber stieg, wurde der Geldwert der Thaler schlechthin — auch der österreichischen — über ihren Stoffwert erhoben und an den Wertgang des Goldes geknüpft.

Das mag zwar zunächst für die Besitzer von österreichischen Thalern sehr erfreulich gewesen sein. Aber wie sollte das später werden? — Jedermann nahm damals die österreichischen Thaler gutwillig in Zahlung zu einem Geldwert, der zunächst 3% höher war, als ihr Stoffwert; später auch 4,5 und 6% höher, heute sogar mehr als 100 % höher ist. — Da konnte nun plötzlich die Regierung kommen und die österreichischen Thaler ausser Kurs setzen, ohne Einlösung. Was dann? — Damit wäre dem Besitzer nur der Stoffwert des Thalers geblieben, der überschüssige Geldwert wäre einfach verschwunden.

Ob die deutsche Regierung zu einer solchen Massregel berechtigt ist? — Völkerrechtlich gewiss! Wodurch in aller Welt sollte sie verpflichtet sein, ein „fremdes Geld" einzulösen? noch dazu zu einem Wert, der den Materialwert dieses Geldes weit übersteigt?

Aber die österreichische Regierung bleibt ja immer noch! Diese kann ihr eigenes Geld doch unmöglich ohne Einlösung ausser Kurs setzen. Vertragsmässig ist sie Deutschland gegenüber allerdings nicht mehr gebunden, aber das versteht sich doch von selbst, dass ein Staat, der seine Münzen ausser Kurs setzt, sie auch einlöst. — Gewiss! Aber wie steht es mit den österreichischen Thalern in Österreich selbst? — Dort ist der Thaler gesetzlich gleich $1^1/_2$ Silbergulden. Der Gulden enthält $^1/_{45}$ Pfund Silber, ist nach wie vor frei ausprägbar, ruht also noch völlig auf seiner Silberbasis. Geldwert und Stoffwert fallen bei ihm zusammen; also auch beim Thaler. — Das ist eben der Unterschied! Im deutschen Reich hatte man den Geldwert des Thalers an den Wertgang des Goldes geknüpft, in Österreich ist er auf der Basis des Silbers geblieben. Da sich der Wertgang des Goldes über den Wertgang des Silbers erhoben hatte, hatte der Thaler einen zusätzlichen Geldwert erhalten — nur in Deutschland, in Österreich aber nicht.

Also in Deutschland war der Thaler unterwertiges Geld, in Österreich aber vollwertiges; in Österreich fiel sein Geldwert mit seinem Stoffwert zusammen, in Deutschland war sein Geldwert höher als sein Stoffwert.

Wenn nun die deutsche Reichsregierung die österreichischen Thaler ohne Einlösung ausser Kurs setzte, dann hatte es für die Besitzer solcher Thaler gar keine Bedeutung, dass Österreich das nicht that. In Österreich galt der Thaler nur nach dem in ihm enthaltenen Silber und um den zusätzlichen Wert weniger, den er in Deutschland deshalb genoss, weil er, bei gesperrter Prägung für Silberkurant, mit den Reichsgoldmünzen durch eine feste Tarifierung verbunden war.

Dieser Unterschied zwischen dem Thalerwert in Deutschland und dem Thalerwert in Österreich hatte ausser der Gefahr, welche die Besitzer österreichischer Thaler in Deutschland für die Zukunft bedrohte, eine sehr begreifliche Wirkung. Hatte schon vorher das Papiergeld in Österreich den grössten Teil der Thaler und Silbergulden aus Österreich ausgetrieben, und zwar natürlich nach Deutschland, so wurde jetzt der noch draussen befindliche Rest wie durch einen Magnet nach Deutschland hineingezogen. Wer gibt in Österreich einen Thaler anstatt 1 1/2 Silbergulden oder 1 1/2 Papiergulden mit entsprechendem Agio aus, wenn er ihn in Deutschland zu 3 Mark ausgeben kann, und 3 Mark mehr sind als 1 1/2 Silbergulden? — So strömten die österreichischen Thaler alle bis auf verschwindende Ausnahmen zu uns herüber. Diese zweite Einwanderung ist wohl zu unterscheiden von der ersten, welche vor der Münzreform stattgefunden hatte. Diese letztere war veranlasst durch den Zwangskurs des österreichischen Papiergeldes, sie füllte unsere Zirkulation in ganz normaler Weise mit vollwertigem Geld, das entweder auf der andern Seite vollwertiges deutsches Geld in den Schmelztiegel trieb, oder, wenn sie nur einem gesteigerten Bedürfnis nach Zahlungsmitteln genügte, der deutschen Volkswirtschaft Präge- — und wenigstens während der Dauer des Vertrages — Unterhaltungskosten ersparte. Die zweite Einwanderung erfolgte durch die Übertarifierung der Thaler, in gewissermassen künstlicher Weise. Sie füllte unsere Zirkulation mit einem bereits unterwertig gewordenen Gelde, und — wenn sie auch einem allenfallsigen Bedürfnis nach Zahlungsmitteln genügte — verhinderte sie doch die Ausprägung von vollwertigen Reichsgoldmünzen. — Wie gross die Summe von Thalern war, die auf solche Weise zu unserm offenbaren Schaden künstlich hereingelockt wurden, wie gross die Summe, die vor der Münzreform auf völlig normale Weise und mit für uns indifferenter Wirkung hereingekommen waren, ist damals, weil niemand auf den Vorgang achtete, begreiflicherweise nicht ermittelt worden, und ist heute natürlich überhaupt nicht mehr auch nur ganz annäherungsweise zu schätzen. Indessen dürfte der grösste Teil der österreichischen Vereinsthaler schon vor der Reform zu uns gelangt sein.

Ferner ist zu konstatieren: dieses nachträgliche, zu unserm Schaden erfolgte Einströmen der österreichischen Thaler ist nicht durch die Schuld Österreichs erfolgt. Hier war es nicht der Zwangskurs für Papiergeld in Österreich, welcher austrieb, sondern der Zwangskurs für

Papiergeld in Österreich, welcher austrieb, sondern der Zwangskurs für Silbergeld in Deutschland, welcher anzog. Diese zweite Einwanderung ist durch die Massregeln der deutschen Regierung direkt veranlasst, soweit sie die Thaler betrifft; denn die Landesgesetze, welche den österreichischen Thalern gesetzlichen Kurs gleich den eigenen Landesmünzen verliehen, also jedermann verpflichteten, einen österreichischen Thaler zu demselben Wert wie einen deutschen anzunehmen, waren nirgends aufgehoben worden, auch nicht nach Ablauf des Jahres 1870.

Es fragt sich nun: Hätte die Regierung in dem Gesetz vom 4. Dezember 1871, welches die Silberprägung aufhob und die Goldmünzen in Silber tarifierte, irgend etwas thun können, um die noch draussen befindlichen Thaler österreichischen Gepräges von der künstlichen Erhebung der Thaler über ihren Stoffwert auszuschliessen — vielleicht auch, wenn sie der Ansicht war, alle österreichischen Thaler seien fremdes Geld, alle österreichischen Thaler von der Werterhöhung auszuschliessen; d. h.: hätte die Regierung Massregeln ergreifen können, durch welche die Thaler deutschen Gepräges an den Wertgang des Goldes angeknüpft worden, andrerseits die Thaler österreichischen Gepräges nach wie vor an dem Wertgang des Silbers festgehalten worden wären?

An solche Erwägungen dachte damals niemand. Man hatte keine Ahnung davon, dass sich aus den österreichischen Thalern eine Frage entwickeln könne. Und so lange der Silberwert zum Goldwert wenigstens annähernd wie 1 : 15,5 stand, zeigten sich auch thatsächlich keine Unzuträglichkeiten, welche geeignet gewesen wären, darauf aufmerksam zu machen. Bis zum 25. April 1873 habe ich weder in den die Münzgesetzgebung betreffenden Reichstagsverhandlungen, noch in Zeitungen und Handelsblättern irgendwo einen Hinweis auf die schiefe Stellung der österreichischen Thaler im neuen deutschen Münzwesen gefunden.[1]

---

[1] Zu erwähnen ist nur, dass Bremen und Hamburg, welche auf eigene Faust schon am 30. April, bezw. 11. November 1872 zur Markrechnung übergingen, nur die Thaler deutschen Gepräges, also

Und doch wäre damals vielleicht noch wenigstens die Aussperrung der noch draussen befindlichen österreichischen Thaler möglich gewesen, ich meine gleichzeitig mit dem Gesetz vom 4. Dezember 1871. Man hätte damals die österreichischen Thaler mit kurz bemessener Einlösungsfrist, von vielleicht 14 Tagen, ausser Kurs setzen können unter Umtausch gegen deutsche Landessilbermünzen. Nach erfolgter Einlösung sofort Verbot ihres weiteren Umlaufes im deutschen Reich. Die draussen befindlichen Thaler nach Deutschland zu bringen und gegen deutsches Silber umzutauschen, daran hätte niemand ein Interesse gehabt, da sie mit dem letzteren auf Grund ihres Silberwertes damals noch auf Pari standen. — So wäre es vielleicht gelungen, wenigstens diesen kleineren Teil österreichischer Thaler von Deutschland fern zu halten.

Dagegen wäre es wohl unmöglich gewesen, die in Deutschland selbst befindlichen Stücke ohne Verlust für deren Inhaber auszutreiben. Man hätte sie allerdings jederzeit ohne Einlösung ausser Kurs setzen können. Verpflichtungen gegen Österreich standen dem nicht im Wege. — Aber was sollten die deutschen Inhaber dann mit ihnen anfangen? — Es ist ja bekannt, wie schwer es ist, Metallgeld in ein Land mit Papierwährung zurückzuleiten. Das hat sich gerade in Bezug auf Österreich später drastisch an den aus Deutschland ausgetriebenen österreichischen Silbergulden gezeigt. Die einzige Möglichkeit wäre für die Besitzer von österreichischen Thalern in Deutschland wohl deren Verwendung als Material gewesen. Sie hätten infolge ihrer Ausserkurssetzung ein solches Disagio gegen die deutschen Thaler erhalten müssen, dass es sich für Edelmetallhändler gelohnt hätte, sie aufzukaufen, einzuschmelzen und eventuell in London bei, wie vorauszusehen, etwas gewichenen Silberpreisen auf den Markt zu bringen. Es handelte

nicht auch die österreichischen, fürderhin als Zahlungsmittel zuliessen. Die deutschen Hansestädte konnten ohne weiteres so vorgehen. Der Wiener Münzvertrag hatte ja nur die deutschen Zollvereinsstaaten in sich begriffen, zu denen die Hansestädte nicht gehörten. Der österreichische Thaler hatte also in Hamburg und Bremen überhaupt niemals gesetzliche Zahlungskraft besessen.

sich dabei um eine Masse von ungefähr 800 000 Pfund Silber. — Ich nehme an, dass sich von der Gesamtsumme der österr. Thaler 1871 mindestens zwei Drittel in Deutschland befanden, also etwa 24 000 000 Stück. — Damit, dass dieses grosse Angebot den Silberpreis drücken würde, hätten die Aufkäufer natürlich rechnen müssen. Das Disagio der österreichischen Thaler hätte also ein ziemlich bedeutendes werden können.

Und die Wirkung dieser ganzen Massregel für den Fiskus? — Die 800 000 Pfund Feinsilber hat er nun nicht mit Verlust von den deutschen Reichsangehörigen einzulösen. Den Verlust tragen diese selbst. Aber: dadurch dass diese 800 000 Pfund Silber von anderer Seite auf den Markt gebracht worden, findet der deutsche Reichs-Fiskus, wenn er mit seinem Silberangebot auf den Markt kommt, bereits gedrückte Silberpreise vor. Er ist genötigt, seine Silberbestände zu unvorteilhafteren Preisen zu verkaufen, als er sie sonst hätte veräussern können. Der Vorteil, richtiger der vermiedene Nachteil für den Fiskus wäre also nicht ganz so ungeschmälert, wie es auf den ersten Blick aussieht.

Aber davon ganz abgesehen: Der Staat darf die zufälligen Inhaber der österreichischen Thaler zur Vermeidung fiskalischer Verluste den aus einer Ausserkurssetzung der österreichischen Thaler entstehenden Schaden nicht aufbürden. Durch seine Gesetze hat er sie zu deren Annahme zum vollen Wert eines deutschen Thalers gezwungen, und wenn er ihnen nun die Geldeigenschaft entzieht, so muss er die daraus entstehenden Verluste auf die Gesamtheit übernehmen.

Diese Unvermeidlichkeit könnte man als etwas widersinniges ansehen. Thatsächlich verschloss sich ihr gegenüber die deutsche Reichsregierung späterhin, so lange es irgend anging. — Wie kann das deutsche Reich verpflichtet sein, ein unterwertiges, f r e m d e s G e l d einzulösen und sich dadurch Verluste zuzuziehen?

Der Widerspruch erscheint sofort als gelöst, wenn man die zur Zeit des Währungswechsels in Deutschland umlaufenden österreichischen Thaler auf ihren Charakter als fremdes Geld näher prüft. — Fremde Münzen waren sie unbestreitbar. Indess vergegenwärtige man sich nur einen Augenblick die Wechselwirkung, welche bei freier Prägung zwischen Münze und Metall stattfindet, wie sich fast automatisch bei eintretendem Bedarf nach gemünztem Geld die Barren in Münzen, bei Überfluss von Umlaufsmitteln die Münzen in Barren verwandeln. Die Zirkulation füllt sich hier in vollständig dem Bedürfnis entsprechender Weise. Sobald das Bedürfnis nach Umlaufsmitteln den Wert des Geldes um mehr als die Prägegebühr über den Metallwert erhöht, wird es vorteilhaft, Barren zur Münze zu tragen. Sobald Zahlungsmittel im Übermass vorhanden sind, wird sich der Wert der Hauptmünzen immer mehr ihrem blossen Materialwert nähern. Es wird dann nicht nur niemand Barren ausprägen lassen, da er ja dieselben vorteilhafter auf dem Markt verkaufen kann, sondern es wird für Goldschmiede und für Exportzwecke gelegentlich vorteilhaft sein, Münzen als Material zu benutzen. Die Zirkulation zieht also bei freier Prägung genau so viel Umlaufsmittel an sich, wie sie braucht, nimmt andererseits höchstens vorübergehend solche über ihren Bedarf hinaus auf. Natürlich sind die Grenzen nicht scharf gezogen, sondern bis zu einem gewissen Grad elastisch. — Die zu uns vor der Münzreform eingewanderten österreichischen Thaler konnten also unseren Münzumlauf nicht in anormaler Weise überfüllen. Die Sache stellt sich einfach so dar, dass die Münzstätten in Wien und Kremnitz — wie schon erwähnt — einen Teil der deutschen Zirkulation versorgten. Hätten sie es nicht gethan, dann wäre voraussichtlich an deutschen Münzstätten mehr geprägt worden; es wären dann beim Währungswechsel zwar weniger österreichische, dafür aber mehr deutsche Thaler, im Grunde wohl eine nicht viel geringere Gesamtzahl von Thalern im deutschen Umlaufe gewesen. Die bei uns heimisch gewordenen österreichischen Thaler erfüllten also vollständig die Funktion deutschen Geldes, trotz des Doppeladlers auf ihrem Gepräge; deshalb durfte und musste das deutsche Reich an ihnen dieselben Verluste erleiden, wie an seinen deutschen Landessilbermünzen.

Indess, wie bereits oben gesagt, es machte sich damals niemand Gedanken über die österreichischen Thaler. Der biedere Deutsche gab und nahm sie gleich seinen eigenen deutschen Thalern und machte sich keine Sorgen über ihre Zukunft.

III. DAS MÜNZGESETZ VOM 9. JULI 1873 UND SEINE FOLGEN FÜR DIE ÖSTERREICHISCHEN THALER.

Mit Beginn des Jahres 1873 wurde dem deutschen Reichstage das definitive Münzgesetz vorgelegt, welches die deutsche Münzverfassung endgiltig ausgestaltete. Während des Frühjahres ward es im Reichstag beraten.

Während man sich bisher immer noch halbwegs den Übergang zur Doppelwährung offen gehalten hatte, [1] erklärte der Artikel 1 des neuen Gesetzes:

„An Stelle der in Deutschland geltenden Landeswährungen tritt die Reichsgoldwährung".

Das Gesetz enthält dann alle nötigen Bestimmungen über den näheren Ausbau des Systemes, gibt prinzipiell die Goldprägung, allerdings gegen die zu hohe Maximalgebühr von 7 Mark pro Pfund Feingold [2] und für die Zeit, wo die Münzstätten nicht mehr vollauf für die Regierung beschäftigt sein würden, frei, regelt das Scheidemünzwesen u. s. w.

Dann bestimmt es die Vorbereitungen, welche bis zum Eintritt der Reichsgoldwährung zu treffen sind. Der Zeit-

---

[1] Die Entscheidung über die Frage ob Gold- ob Doppelwährung war in einer von der Regierung nicht beabsichtigten Weise schon gelegentlich der Beratung über das Gesetz vom 4. Dezember 1871 gefallen. Aus der Initiative des Reichstags heraus wurde die Sperrung der Silberprägung beschlossen. (Art. 11.) Mit diesem Beschluss war die Frage zu gunsten der Goldwährung entschieden.

[2] Durch Verordnung vom 8. Juni 1875 wurde die Prägung auf Privatrechnung gegen eine Prägegebühr von 3 Mark pro Pfund Feingold freigegeben. Das Bankgesetz verpflichtete die Reichsbank, jederzeit Gold zu 1392 Mark das Pfund fein, anzukaufen.

punkt des Eintrittes der letzteren bleibt der Bestimmung durch kaiserliche Verordnung vorbehalten.

Die bis dorthin zu treffenden Vorbereitungen waren die Ausprägung einer hinreichenden Menge neuer Reichsmünzen und die Beseitigung der alten Landesmünzen. Dazu kamen einige Schutzmassregeln für die werdende Reichswährung. Der Bundesrat erhielt das Recht, ausländische Münzen zu tarifieren oder ihren Umlauf gänzlich zu untersagen. — Ebenso wurden die Anordnungen betreff Ausserkurssetzung und Einlösung der Landesmünzen dem Bundesrat übertragen. — Gehörten die österreichischen Thaler zu diesen deutschen „Landesmünzen"? — Nein. Über ihre Ausserkurssetzung und Einlösung bestimmte das Gesetz nichts, wenigstens nicht direkt.

Nach Eintritt der Reichswährung sind alle Zahlungen, welche bisher in Münzen einer inländischen Währung oder in landesgesetzlich den inländischen Münzen gleichgestellten ausländischen Münzen zu leisten waren, in Reichsmünzen zu leisten. Thaler, Gulden u. s. w. werden jetzt in Reichsmünzen tarifiert, während das Gesetz vom 4. Dezember 1871 die Reichsmünzen in den Landessilbermünzen tarifiert hatte. — Dann kommt der wichtige Artikel 15, welcher eine kleine Ausnahme von dem eben gesagten festsetzt. Dieser Artikel 15 spielt in der Geschichte der österreichischen Thaler eine grosse Rolle. Er lautet:

„An Stelle der Reichsmünzen sind bei allen Zahlungen bis zur Ausserkurssetzung anzunehmen

1) im gesamten Bundesgebiet an Stelle aller Reichsmünzen die Ein- und Zweithalerstücke deutschen Gepräges unter Berechnung des Thalers zu 3 Mark". . . . . . .

„Die Ein- und Zweithalerstücke deutschen Gepräges!" — Dazu gehören die Ein- und Zweithalerstücke österreichischen Gepräges nicht. Wer daran zweifelt, mag sich nur etwas näher mit der Entstehungsgeschichte dieses Paragraphen beschäftigen. In dem Regierungsentwurf waren nämlich die Worte „deutschen Gepräges" nicht enthalten. Auf Antrag des Reichstagsabgeordneten für Hamburg Dr. Wolffson brachte sie erst der Reichstag mit ausdrücklicher Spitze gegen die österreichischen Thaler in das Gesetz hinein. In der betreffenden Sitzung entspann sich über diese Angelegenheit folgendes Zwiegespräch, welches die geringe Sachkenntnis, mit welcher man seitens der Regierung und seitens des Reichstages der österreichischen Thalerfrage gegenüberstand, ungemein treffend illustriert. Es war die schon erwähnte Reichtstagssitzung vom 25. April 1873, in welcher die österreichische Thalerfrage zum ersten Mal offiziell auftauchte. Dem stenographischen Bericht entnehme ich das folgende:

Präsident: Wir kommen zu Artikel 14 [1]. Zu Nummer 1 desselben hat der Abgeordnete Dr. Wolffson das Wort.

Dr. Wolffson: Ich möchte mir an den Herrn Vertreter der Reichsregierung die Anfrage erlauben, ob durch die Fassung der Nummer 1 . . . . . . die österreichischen Thaler . . . . . . für die hier in Rede stehenden Verhältnisse den Thalern deutschen Gepräges gleichgestellt werden sollen, was ich kaum voraussetzen kann; oder ob man es als selbstverständlich erachtet hat, dass diese Bestimmungen sich nur auf die Thaler deutschen Gepräges beziehen. Ist das letztere der Fall, dann würde mir die Einschaltung der Worte „Thaler deutschen Gepräges“ zweckmässig erscheinen. Es ist ja ein sehr wesentlicher Unterschied zwischen den Thalern deutschen und den Thalern nicht deutschen Gepräges. Der Thaler deutschen Gepräges hat den Charakter, dass er eine Anweisung auf Goldmünze ist, und er hat einen gesetzlich festgestellten den augenblicklichen Wert überschreitenden Wert im Verhältnis zur Goldmünze. Dasselbe trifft bei den Thalern nicht deutschen Gepräges, die das deutsche Reich einzulösen keine Veranlassung hat, nicht zu. Ich glaube also, dass, wenn es sich um die Tarifierung zu den Reichsgoldmünzen handelt, es zweckmässig sein würde, die Worte „deutschen Gepräges“ einzuschalten, und würde mir erlauben, einen solchen Antrag zu stellen, wenn ich

---

[1] Art. 14 der Vorlage. — Im Gesetz selbst ist er wegen Einschiebung eines Artikels während der Reichstagsverhandlungen (des Artikels über das goldene Fünfmarkstück) Art. 15 geworden.

nicht erfahren würde, dass dem wesentliche Gründe entgegenstehen.

Staatsminister Delbrück antwortete sofort: Ich halte die ausdrückliche Hinzufügung der Worte „deutschen Gepräges“ nicht für nötig. Wenn durch eine Bestimmung, wie die hier vorliegende, bestimmten Münzen für bestimmte Zeit ein gesetzlicher Kurs gegeben wird, so glaube ich würde es der umgekehrten Bestimmung bedürfen, um die Vorschrift so zu verstehen, dass dieser gesetzliche Kurs sich auch erstrecken soll auf Münzen, welche keinem der deutschen Staaten angehören.[1] — „Aber so gut wie ausschliesslich deutschen Staatsangehörigen“ hätte man sofort ergänzen können.

Dr. Wolffson stellte gleichwohl seinen Antrag auf Einfügung der Worte „deutschen Gepräges“ und der Antrag wurde ohne weitere Diskussion angenommen.

Wie war jetzt die Stellung der österreichischen Thaler?

Zunächst waren sie, kraft der verschiedenen in Gemäsheit des Wiener Münzvertrages erlassenen Landesgesetze, in allen ehemaligen deutschen Zollvereinsstaaten den Thalern deutschen Gepräges noch immer vollkommen gleichgestellt. Es handelte sich also gar nicht darum, dass, wie Delbrück sagte, „bestimmten Münzen für bestimmte Zeit ein gesetzlicher Kurs gegeben wird“; denn gesetzlichen Kurs hatten ja die österreichischen Thaler im grössten Teile des deutschen Reiches schon seit mehr als 15 Jahren. Es handelte sich vielmehr darum, wann und wie dieser gesetzliche Kurs ein Ende finden sollte. Aber gerade darüber setzte man sich leicht hinweg, indem man gerade davon überhaupt nicht sprach.

Nach dem ergänzten Artikel 15 des Münzgesetzes, waren also die österreichischen Thaler im deutschen Reich immer noch gesetzliches Zahlungsmittel. Jedermann war ge-

[1] Die ganze Antwort Delbrücks ist ungemein charakteristisch dafür, mit welcher Oberflächlichkeit die Frage der österreichischen Thaler seit ihrem ersten Entstehen behandelt wurde. Die Haltung des gesamten Reichstags ebenso.

zwungen, sie in Zahlung zu nehmen, und zwar zu dem Werte der deutschen Thaler. Daran dass in Deutschland der Thaler sich vermöge der Sperrung der Silberprägung über seinen Silberwert erhoben hatte, war der österreichische Thaler vollkommen unschuldig. Er musste schlechterdings mit dem deutschen Thaler steigen, so lange er mit demselben gesetzlich verbunden war.

Wie sah es nun mit der Zukunft der österreichischen Thaler aus? — Da ist der bereits erwähnte Artikel 14 § 1 eingreifend. Er bestimmt: nach Eintritt der Reichswährung sind alle Zahlungen, welche bis dahin „in Münzen einer inländischen Währung oder in landesgesetzlich den inländischen Münzen gleichgesetzten ausländischen Münzen" zu leisten waren, in Reichsmünzen zu leisten. —

Unter diese Bestimmung fallen ganz unbestreitbar die österreichischen Thaler. Mit Eintritt der Reichswährung verlieren sie also ipso iure im deutschen Reich ihre Geldeigenschaft. — Wer löst sie ein? — Niemand. — Die betreffenden Inhaber erleiden also an dem Stücke so viel Verlust, als dessen Geldwert den Silberwert überschreitet.

Und bis zum Eintritt der Reichswährung? — Bis dahin bleibt der österreichische Thaler gesetzliches Zahlungsmittel, das jedermann nehmen muss. Bis zur letzten Minute vor Eintritt der Reichswährung kann mir ihn jedermann aufnötigen — zu seinem Geldwert; mit Eintritt der Reichswährung ist er dann plötzlich in meinen Händen von seinem Geldwert auf seinem Stoffwert zusammengeschmolzen.

Man sieht auf den ersten Blick, um was es sich handelt. Die ganze Frage spielte zwischen dem Fiskus des deutschen Reiches und den deutschen Staatsangehörigen, die sich unglücklicherweise im Besitz von österreichischen Thalern befanden. Man that aber, als spiele die Frage zwischen Deutschland und Österreich; man behauptete, und das allerdings mit vollem Recht, dass Deutschland Österreich gegenüber zu einer einlösungslosen

Ausserkurssetzung der österreichischen Thaler berechtigt sei. Daran war ja kein Zweifel, aber darum handelte es sich eben nicht. Dem Kaisertum Österreich konnte es ja damals völlig gleichgiltig sein, was Deutschland mit seinen österreichischen Thalern anfing; nicht aber den deutschen, österreichische Thaler besitzenden Staatsbürgern.

Zum andern war es ebenso zweifellos, dass Österreich Deutschland gegenüber erstens keine Verpflichtung zur Einlösung seiner Thaler hatte; dass zweitens Österreich bei höchster Loyalität sich niemals hätte bewogen fühlen können, seine Thaler zu einem höheren Satz als zu $1^{1}/_{2}$ Gulden einzulösen, denn das war der gesetzliche Geldwert des Thalers in Österreich.

Es gab damals in Österreich zwei Arten von Zahlungsmitteln: Silbergulden und Papiergulden. Also das Thalerstück gegen $1^{1}/_{2}$ Papier- oder Silbergulden. Das erstere kam überhaupt nicht in Betracht. Denn $1^{1}/_{2}$ Gulden Papier waren damals weniger wert als der Silbergehalt eines Thalers. Aber $1^{1}/_{2}$ Gulden Silber waren eben auch nur gerade so viel, wie der Silberwert eines Thalers. – Eine andere Einlösung konnte selbst der anspruchsvollste Mensch von Österreich nicht verlangen. Denn dass Deutschland auf Grund der Relation von 1 : 15,5 von der Silberwährung zur Goldwährung übergegangen war, konnte doch Österreich nicht verpflichten, seine Thaler auf Grund dieser Relation in Gold einzulösen!

Schade, dass Österreich damals den Zwangskurs hatte. So wird das an sich vollständig klare Verhältnis mit dem Papiergeld verquickt, und das ist nur geeignet, das ganze Bild zu verwirren. Bezüglich der österreichischen Thaler wären genau dieselben Verhältnisse eingetreten, wenn Österreich auf dem Boden der reinen Silberwährung geblieben wäre. Ein Thaler wäre auch dann in Deutschland $^{3}/_{1395}$ Pfund Gold und in Österreich $^{1}/_{30}$ Pfund Silber gewesen, und sobald $^{3}/_{1395}$ Pfund Gold sich über den Wert von $^{1}/_{30}$ Pfund Silber erhoben hätten, wären trotz aller Metallwährung in Österreich die Thaler nach Deutschland hinübergeströmt und in Deutschland geblieben; bezüglich ihrer Einlösung und Ausserkurssetzung hätten sich dieselben Schwierigkeiten gezeigt. Für Deutschland war eben mit der Einführung der Goldwährung der Wert des Goldes das Unveränderliche geworden, mit dem man alle Dinge misst; für Österreich wäre das Silber das Unveränderliche geblieben. Auch dann wäre für Österreich der Geldwert eines Thalers mit seinem Stoffwert zusammen gefallen, der Thaler also eine vollwertige Münze gewesen; in Deutschland dagegen eine unterwertige, vermöge der gesperrten Prägung für Silber und seiner Tarifierung in Gold. Auch dann hätte für Österreich keine Liquidationsfrage bestanden, weil eine solche für vollwertige Münzen nicht bestehen kann. Für Österreich wäre also die Situation noch dieselbe gewesen wie 1867, als beide Teile noch Silberwährung hatten, und eine Liquidation infolge dessen vollständig überflüssig und unmöglich erschien.

Aber darüber waren sich damals die wenigsten Köpfe klar. Die meisten suchten den Grund der ganzen Frage in der österreichischen Papierwährung, auch Delbrück war fast ein Jahr später noch nicht ganz frei von dieser Vorstellung;[1] während doch offenbar der deutsche Währungswechsel an der Verschiedenheit des deutschen und des österreichischen Geldwertes der Thaler schuld war. Die Frage spielte durchaus nicht zwischen Metall und Papier, sondern zwischen Gold und Silber. Alle Vertröstungen auf eine Rückkehr Österreichs zur „Metallwährung“ waren also taub und leer.

Kurz zusammen gefasst war nach dem Münzgesetz von 1873 die Stellung der österreichischen Thaler in Deutchland die folgende:

Bis zum Eintritt der Reichswährung waren sie gesetzliches Zahlungsmittel gleich den deutschen Thalern. Mit Eintritt der Reichswährung ver-

[1] Sten. Ber. des deutschen Reichstags, 1874. Verhandlungen vom 11. April.

lieren sie in Deutschland ihren Geldcharakter ohne dass sie eingelöst werden. In Österreich bleiben sie wohl in Kurs. Aber dort ist ihr Geldwert nur 1½ Gulden, also nur gleich ihrem Stoffwert und niederer, als ihr Geldwert vorher in Deutschland gewesen. — Nach dieser Situation fällt also der endliche Verlust auf die zufälligen Inhaber.

Die Unhaltbarkeit gerade dieser Lösung habe ich bereits oben besprochen. — Dass die Reichsregierung damals wirklich die Absicht hatte, den eintretenden Verlust auf den zufälligen Inhabern sitzen zu lassen, erscheint mir nicht glaublich. Eher ist mir denkbar, dass man sich über die Konsequenzen der Artikel 14 und 15 des Münzgesetzes nicht ganz im Klaren war, was mir ziemlich deutlich aus der oben wörtlich wiedergegebenen Rede Delbrücks am 25. April 1873 im Reichstage, welche sich spielend über alle Schwierigkeiten hinwegsetzt, hervorzugehen scheint.

Auch im Publikum war man sich durchaus nicht klar darüber, sonst hätte es jedenfalls damals schon nicht an heftigen Protesten gefehlt.

Sobald sich in den Köpfen Licht über die erzielte Lösung verbreitete, war ihr Urteil gesprochen.

III. ABSCHNITT.

DIE ÖSTERREICHISCHEN SILBERGULDEN IN DEUTSCHLAND.

I. DIE SEPARAT-ARTIKEL VON 1867.

Bis jetzt habe ich nur von den österreichischen Thalern gesprochen, nicht von den österreichischen Gulden. Ein unbefangener Mensch wird das auch ganz natürlich finden. Denn was gehen uns die Gulden an? — Wir wissen ja, der Münzvertrag von 1857 hat den Umlauf der verschiedenen Landeskurantmünzen vollständig auf ihr Währungsgebiet beschränkt, die österreichischen Gulden also auf Österreich — Lichtenstein nicht zu vergessen! — Die Vereinsthaler dagegen waren, welcher Staat sie auch geprägt, ein für das ganze Vertragsgebiet gemeinschaftliches Umlaufsmittel. Dass aus einer solchen Gemeinschaftlichkeit Wirrungen entstehen, das haben wir ja inzwischen auch beim lateinischen Münzbund erlebt, ist also durchaus nichts verwunderliches. — Bezüglich der österreichischen Gulden bestand aber eine solche Gemeinschaftlichkeit nicht, es konnten also über sie auch keine derartig komplizierten Fragen erwachsen.

Nehmen wir den Vertrag vom 13. Juni 1867 zur Hand, mit welchem Österreich aus dem Münzverein ausschied. Natürlich spricht er nur von den Vereinsthalern. Was soll er auch mit den österreichischen Gulden? — Da eine Zulassungspflicht für diese seitens der anderen Staaten nicht vorhanden war, hatte man sich über eine solche auch nicht auseinander zu setzen. Hatten sich doch die vertragenden Staaten ausdrücklich das Recht vorbehalten, jederzeit den Umlauf fremder Landesmünzen zu untersagen.[1] Ein Auflösungsvertrag hatte hier also von Gott und der Welt nichts zu thun — sollte man denken! Wo nichts bindet, ist nichts zu lösen.

Jedoch gibt es neben den Gesetzen und Verträgen auch eine thatsächliche Wirklichkeit, die manchmal etwas anders aussieht, als man nach den Gesetzbüchern denken sollte. So geschah es denn auch — und das habe ich bereits erzählt — dass die österreichischen Silbergulden von dem Papiergeld ausser Landes getrieben wurden und sich in Deutschland eine neue Heimat suchten, wo man sie mit Freuden aufnahm, ohne nach ihrer Legitimation zu fragen.

Ebenso gibt es hie und da neben den offenen Hauptverträgen sogenannte Separat-Artikel. Sie stehen nicht in den Gesetzsammlungen und haben die Eigenschaft, dass die wenigsten Menschen von ihrer Existenz etwas wissen.

Solche im Verborgenen blühende Separat-Artikel sind nun auch dem offenen Vertrage vom 13. Juni 1867 angehängt; und es scheint, als ob, trotz ihres merkwürdigen Inhalts, niemand sie bisher bemerkt hätte.

Sie sind abgedruckt in der Manzschen Gesetzausgabe, „die österr. Gesetzgebung über Münze etc." von Ignaz Gruber, Wien 1886, und lauten:

„Bei Abschluss des Vertrages vom heutigen Tage, betreffend das Ausscheiden des Kaisertums Österreich und des Fürstentums Liechtenstein aus dem deutschen Münzverein sind von den unterzeichneten Bevollmächtigten noch folgende besondere Artikel verabredet worden, welche dieselbe Kraft und Giltigkeit wie der Hauptvertrag haben, und durch die Ratifikation des Hauptvertrages als mitratifiziert erachtet werden sollen.

---

[1] Vergleiche den in Anmerkung 43 zitierten Begleitvortrag der württembergischen Regierung zum Münzgesetz.

„Art. I. Die vertragenden Regierungen werden den Umlauf der von anderen Vereinsstaaten ausser den Vereinsthalern und Doppelthalern bis zum Schlusse des Jahres 1867 nach den Bestimmungen des Vertrages vom 24. Jänner 1857 geprägten groben Silbermünzen (Art. 6 am angeführten Orte), soweit solcher im Privatverkehr gegenwärtig unbehindert ist, bis zum Ablauf des Jahres 1870 nicht untersagen, es sei denn, dass sie durch Änderung ihres Münzsystemes oder durch Massnahmen der betreffenden Regierungen in Bezug auf deren Münzverhältnisse dazu veranlasst werden.

„Art. II. Im Falle des Übergangs zu einem andern Münzsystem übernehmen die vertragenden Regierungen hinsichtlich der groben Silbermünzen ihres Gepräges dieselben Verpflichtungen, welche sie für diesen Fall in Art. 3 des offenen Vertrags vom heutigen Tage hinsichtlich der Vereinsthaler und Doppelthaler übernommen haben.

„Berlin, den 13. Juni 1867".

Der Fall ist einzig in seiner Art! Man stelle sich vor: Bei der Auflösung eines Vertrages wird gewährt, was der Vertrag selbst versagt hatte. Die Hände, welche man sich während des Vertrags selbst frei gehalten, lässt man sich bei dessen Lösung binden!

Natürlich handelte es sich bei diesen Separat-Artikeln nur um die in Deutschland befindlichen österreichischen Gulden. Denn deutsche Landesmünzen waren ja nicht in östereichischem Umlauf. Die Stellung der österreichischen Gulden war nun durch den Auflösungsvertrag von 1867 in den deutschen Staaten eine bedeutend bessere geworden, als sie es nach dem Wiener Münzvertrag von 1857 gewesen. Von 1867 bis 1870 konnte der Umlauf des österreichischen Landeskurantes, wenigstens des bis 1867 geprägten, in keinem der deutschen Zollvereinsstaaten verboten werden, denn keiner hatte ihn bisher untersagt. Die österreichischen Gulden waren also jetzt in Deutschland von einem nur thatsächlich geduldeten zu einem vertragsmässig geduldeten Gelde avanziert.

Immerhin waren sie damit noch nicht zu dem Range ihrer Halbbrüder, der österreichischen Vereinsthaler, vorgerückt, denn diese waren — zunächst bis zum Ablauf des Jahres 1870 — in den deutschen Staaten auch jetzt noch Geld mit allen seinen gesetzlichen Erfordernissen. Diese immer noch etwas mangelhafte gesetzliche Qualität that jedoch der Beliebtheit des österreichischen Guldens besonders in Süddeutschland keinen Abbruch; und genau wie die Vereinsthaler österreichischen Gepräges kraft vertragsmässiger Berechtigung kamen die österreichischen Gulden kraft vertragsmässiger Duldung zu uns herüber.

II. DIE ÖSTERREICHISCHEN GULDEN IN DER DEUTSCHEN MÜNZREFORM.

Was von der Einwanderung der österreichischen Thaler vor der deutschen Münzreform gilt, das trifft auch für die Gulden zu. So lange Deutschland bei der Silberwährung blieb, ein deutscher Thaler also in seinem Geldwert genau seinem Silberwert entsprach, war auch der in Deutschland $^2/_3$ Thaler geltende Gulden vollwertiges Geld; das in ihm enthaltene Silber war an und für sich $^2/_3$ Thaler wert. Ein Einströmen österreichischer Gulden konnte also unsern Münzumlauf nicht in krankhafter Weise beschweren, sondern höchstens dadurch, dass ihrer Zirkulation jeder Rechtsboden fehlte, in Unordnung bringen.

Nachdem aber das deutsche Reich zur Goldwährung übergegangen war, nachdem es seinen Thaler aus $^1/_{30}$ Pfund Silber in $^3/_{1395}$ Pfund Gold verwandelt hatte, nachdem das Silber im Verhältnis zum Golde eine Wertverringerung erfahren hatte, der Geldwert eines Thalers dadurch über seinen Stoffwert gestiegen war, kam der Gulden vermöge seines Silbergehaltes nur noch zwei Dritteln des Stoffwertes, nicht mehr des Geldwertes eines Thalers gleich.

Wie bei den Thalern eine zweite Einwanderung nach der deutschen Münzreform zum offenbaren und direkten Schaden Deutschlands erfolgte, so auch bei den Gulden.

Während die zweite Thalereinwanderung, wie oben gezeigt, direkt durch die Massregeln der deutschen Reichsregierung veranlasst wurde, traf bei den Gulden die Schuld das deutsche Publikum. Die österreichischen Thaler waren ja während und nach der Münzreform durch Landesgesetze der einzelnen Staaten gesetzliches Zahlungsmittel, jedermann musste sie zum Wert eines deutschen Thalers in Zahlung nehmen; die österreichischen Gulden dagegen genossen — das muss immer wieder betont werden — nirgends in Deutschland einen gesetzlichen Kurs, wenn auch die deutschen Regierungen durch die erwähnten Separatartikel von 1867 sich verpflichtet hatten, ihren Umlauf im Privatverkehr zu dulden. Nach 1870 hatten sie jedoch die Freiheit, den österreichischen Gulden zu verbieten, durch Ablauf der vertragsmässigen Frist zurück erlangt. Gebrauch davon machten sie vorerst nicht. — Das Publikum war also nicht gezwungen, österreichische Gulden zu irgend einem Kurs in Zahlung zu nehmen; aber es hatte sie bisher genommen, und nahm sie harmlos auch weiterhin. In verzeihlicher Unkenntnis der Dinge begriff es nicht, dass derselbe Gulden, welcher immer an sich selbst gleich ²/₃ Thaler gewesen, nun auf einmal weniger wert sein sollte, da sich, in seinen Augen wenigstens, der Thaler nicht verändert hatte, und der Gulden ja auch in Wirklichkeit noch immer derselbe Gulden war. Es ging eben damals nicht in die Köpfe, dass wohl der Gulden Silbermünze und Silbergeld geblieben, der Thaler aber nur Silbermünze geblieben, seinem Wesen nach aber Goldgeld geworden war. Man nahm also den Gulden nach wie vor zum Wert von ²/₃ Thaler.

Die notwendige Folge dieser Verhältnisse war, dass die vorhandenen österreichischen Gulden in geradezu unerschöpflich scheinenden Strömen in Deutschland eindrangen, zur grossen Bestürzung aller münzpolitisch Denkenden. Sie zogen deren volle Aufmerksamkeit auf sich, während die österreichischen Thaler damals so gut wie gar nicht beachtet wurden. Und mit vollem Recht. Die von den österreichischen Gulden drohende Gefahr war in der That viel grösser, als die von seiten der Thaler. Da letztere nicht mehr ausgeprägt wurden und nur etwas über 31 Millionen Thaler davon vorhanden waren, erschien die von ihnen drohende Gefahr gewissermassen als kontingentiert. Die österreichischen Gulden dagegen fassten unsere Goldwährung geradezu an der Wurzel. Jedermann konnte mit deutschem Gold das billiger gewordene Silber kaufen, in Wien in Guldenstücke ausmünzen lassen und den Gulden zu $^2/_3$ Thaler in Deutschland ausgeben. Solche Operationen scheinen in der That in nicht unbedeutendem Masse ausgeführt worden zu sein. Es war also in Deutschland eine Zeit lang eine thatsächliche Alternativ-Währung vorhanden, bei welcher in Berlin das Gold, in Wien das Silber frei ausprägbar war; das musste uns binnen kurzer Zeit direkt zur Silberwährung zurückführen.

Die deutschen Regierungen begriffen fürs erste die Gemeingefährlichkeit des österreichischen Guldens nicht. Da sie ihm keinen gesetzlichen Kurs gegeben hatten, glaubten sie sich auch der Pflicht überhoben, hier einzuschreiten. Als eine gröbliche Fahrlässigkeit muss es nichtsdestoweniger bezeichnet werden, dass in Süddeutschland an den öffentlichen Kassen, trotz der veränderten Sachlage die österreichischen Gulden zu 1 fl. 10 kr. südd. = $^2/_3$ Thaler in Zahlung genommen wurden, und zwar so gut wie allgemein. Zum mindesten hätte man nach der Publikation des Gesetzes vom 4. Dezember 1871 deren Annahme an den öffentlichen Kassen verbieten müssen. Das geschah aber zunächst noch nicht.

Indes wies die Filiale der preussischen Bank zu Frankfurt am Main schon im Januar 1872 Zahlungen in österreichischen Gulden zurück, und alsbald verweigerte dort auch der gesamte Handelsstand deren Annahme in Zahlung. Ähnliches geschah bald darauf in Württemberg und Baden. Diese Massregeln bewirkten eine akute Kompression der vorher über ganz Süddeutschland gleichmässig zerstreuten österreichischen Gulden im Königreich Bayern. Das erregte bei der bayrischen Regierung denn doch Bedenken, und am 13. März 1872 verweigerte die bayrische Zentralstaatskasse die Annahme einer grösseren Summe in österreichischem Guldengeld. Das schlug ein wie ein Blitz. Es entstand eine plötzliche Geldkrisis von grossen Dimensionen. Jeder wollte seine Gulden los werden, niemand wollte sie mehr nehmen. Am 16. März beschloss der Münchener Handelsverein, dass vom 20. März an von seinen Mitgliedern keine Zahlungen in österreichischen Gulden mehr acceptiert würden, und am 28. März erliess endlich auch die Regierung eine Verordnung, nach welcher die öffentlichen Kasen von nun an die österreichischen Gulden zurückzuweisen hatten.[1]

Eine Zeit lang war der österreichische Gulden nun gefürchtet und gemieden. Jedermann hütete sich ängstlich vor ihm. Aber der Eifer dauerte nicht lange. Nach ein paar Monaten hatte sich die Erregung völlig gelegt. Es mag dazu ein momentanes Steigen des Silberpreises beigetragen haben, welcher einmal sogar auf 61 $^1/_8$ d. in London stand, also über der deutschen Relation.

Diese günstige Silberpreisbewegung hielt jedoch nicht vor, sondern verwandelte sich sehr bald in ihr Gegenteil. Die Furcht vor den österreichischen Gulden hatte sich indessen wieder völlig verloren. Sie liefen wieder ungestört in ganz Deutschland um, mehr denn je zuvor.

1873 begann das Silber seinen grossen Preissturz. Es sank zeitweise bis auf 59 $^1/_4$ d. in London. Jetzt wurden, da sich ein Spielraum bis zu 2,7 Prozent ergab, für die Arbitrage die oben bereits erwähnten Operationen, Ankauf von Silber, Ausmünzung in Wien, und Ausgabe der so verschafften Guldenstücke zu $^2/_3$ Thaler in Deutschland erst recht lohnend. Bamberger, einer der wenigen, welche die Situation vollkommen erfassten, zog in Wien Informationen ein und teilte diese bei der Beratung des Münzgesetzes am 28. März 1873 im Reichstag mit. Danach wurden folgende Operationen gemacht:

Erstens: „Die Nationalbank in Wien nimmt Gold auf, welches infolge der ungarischen Anleihe aus fremden Ländern

---

[1] Siehe über diese Vorgänge des Bremer Handelsblatt v. 20. April 1872.

kommt, legt das in ihre Depots, lässt ihr Silber aus den Depots heraus, und ihre Gulden oder Thaler gehen nach Deutschland. Das ist auch eine Art Umprägung".

Zweitens: Es wurden Silberbarren direkt nach Österreich geschickt, ausgeprägt, und als Guldenstücke nach Deutschland zurückgebracht.[1]

Diese letztere spekulationsweise Prägung wurde auch von Delbrück bestätigt.[2] Sie geht auch ganz unzweifelhaft aus der Statistik der österreichischen Ausmünzungen hervor. Nach den „Tabellen zur Währungstatistik" des k. k. Finanz-Ministeriums wurden an 2 Gulden-, 1 Gulden- und $^1/_4$ Guldenstücken geprägt:

1869:	1,846 292 fl.
1870:	5,095 323 „
1871:	8,350 831 „
1872:	8,377 193 „
1873:	10,364 880 „
1874:	4,639 763 „

Es scheint mir evident klar zu sein, dass die grosse Ausmünzung im Jahre 1873 und die unvermittelt darauf folgende geringe im Jahre 1874 auf der spekulationsweisen Guldenprägung, welche in der zweiten Hälfte des Jahres 1873 unmöglich gemacht wurde, beruht.

Man sieht, es war eine ganz eigentümliche Lage, in welcher sich damals das deutsche Münzwesen befand, und es erscheint heute verwunderlich, dass es in diese Lage hat geraten können.

Die Schuld daran lag nicht darin, dass man die erwähnten Vorgänge nicht beachtet hätte. Im Gegenteil! Alles beschäftigte sich damals mit den österreichischen Gulden. Man nehme nur eine Zeitung aus jener Zeit, oder noch besser die Reichstagsverhandlungen über das Münzgesetz zur Hand. Die Schuld liegt vielmehr in einer totalen

[1] Sten. Ber. d. deutsch. Reichstags, 1873. — 10. Sitzung, 28. März 1873, S. 124.

[2] 17. Sitzung, 22. April 1873. Sten. Ber., S. 259.

Begriffsverwirrung in Sachen des Geldwesens, welche allgemein die Köpfe eingenommen hatte. Es ist nicht leicht, von der überall herrschenden Unklarheit in diesen Dingen ein klares Bild zu geben. Ich wage nur ein Bild von dieser Verwirrung zu zeichnen, wie sie sich in den Verhandlungen des Reichstages offenbarte, welches also jedenfalls noch eine Verfeinerung der im grossen Publikum herrschenden Unklarheit darstellt.

Da waren denn zunächst einige wenige, welche die Situation völlig klar überschauten, hauptsächlich Bamberger und Michaelis. Letzterer fasste in der Sitzung vom 22. April 1873 den Kern der Sache mit folgenden Worten treffend zusammen:

„Die Möglichkeit, die Goldwährung durchzuführen und aufrecht zu erhalten, beruht einzig und allein darauf, dass wir feste Hand auf unserem Silberumlauf haben, dass wir die Möglichkeit haben, unsern Silberumlauf ausschliesslich zu erhalten und fremde Silbermünzen auszuschliessen; denn sobald wir fremde Silbermünzen leicht zulassen, bekommen wir ganz ohne Zweifel an Stelle der Goldwährung praktisch die Doppelwährung.“ [1]

Diese klaren Köpfe waren indes sehr in der Minderheit.

Die zweite Kategorie war diejenige der Halbunklaren, die zwar nicht in den Kern der Frage eingedrungen waren, immerhin aber wenigstens noch logische Ansichten vom Standpunkt irgend welcher vorgefassten, nicht geprüften Meinung vorbrachten.

Dahin gehören einmal diejenigen, welche die fixe Idee von der Unabänderlichkeit und Göttlichkeit der Relation 1 zu $15^1/_2$ nicht abstreifen konnten, denen auch für die Goldwährung jede Silbermünze „vollwertig“ ausgeprägt war, wenn sie es im Verhältnis von $1:15^1/_2$ war. So z. B. Dr. M. Mohl, der Hauptverteidiger der Doppelwährung im Reichstag, „Sie (die österr. Gulden) zirkulieren mit dem preussischen Thalergeld in Einklang, mit welchem sie ganz

[1] Sten. Ber., S. 255.

genau und vollwertig ausgeprägt sind."[1] Auch folgendes: „Deutschland verkehrt jetzt in sehr bedeutendem Umfange mit Österreich-Ungarn; es bezieht dorther Getreide, Vieh; es bezieht andere Gegenstände von Österreich und liefert eine Masse von deutschen Gewerbeprodukten nach Österreich. Daher, meine Herrn, und weil ein grosser Teil der Staats- und anderer österreichischer Wertpapiere in deutschen Händen ist, hat Deutschland eine reiche Zirkulation an österreichischen Vereinsthalern und österreichischen Gulden .... Wie würde es nun sein, wenn das österreichische Silber in Deutschland verboten würde? .... Wollen wir einen Nachbar von 36 Milllonen in die Lage setzen, uns nicht bezahlen zu können, und wollen Sie sein Silber zurückweisen, das er vollwertig ausprägt, und das daher ein ganz gutes Geld ist?"[2]

Hierher gehören ferner diejenigen, welche den österreichischen Gulden wohl als etwas schädliches empfanden, aber nicht begriffen, zu welchen ernsten Folgen seine Duldung führen musste. So Reichensperger: „.... ich habe im Grossen und Ganzen doch den Eindruck gewonnen, dass man den österreichischen Gulden viel zu tragisch genommen hat ... Nun, meine Herrn, ich gebe vollkommen zu, dass Übelstände damit verbunden sind, wenn der österreichische Gulden auch fernerhin eine solche Rolle spielen sollte, wie er sie bis jetzt gespielt haben mag, — ich weiss es nicht .... Es mag auch sein, dass durch den österreichischen Gulden die Reichsgoldwährung beeinträchtigt würde; aber den Grad der Benachteiligung unseres deutschen Reiches durch den Gulden in der Höhe, wie es hier immer oder vielfach dargestellt worden ist, vermag ich nicht zuzugeben."[3]

Andere sahen den Grund der Überschwemmung Deutschlands mit österreichischen Gulden im österreichischen Papiergeld, und glaubten, dass dieselbe durch eine baldige Wiederaufnahme der Baarzahlungen in Österreich ein Ende finden

---

[1] 29. Sitzung, 8. Mai 1873. Sten. Ber., S. 553.
[2] 10. Sitzung, 28. März 1873. Sten. Ber., S. 131.
[3] 29. Sitzung, 8. Mai 1873. Sten. Ber., S. 550.

werde. Selbst der preussische Finanzminister Camphausen war nicht ganz frei von diesem Irrtum. Am 6. Mai 1873 sagte er im Reichstag: „Die Nachrichten darüber, in welchem Masse gegenwärtig der österreichische Gulden in Deutschland vordringt, steigern sich von Tage zu Tage. Das Verhältnis ist ziemlich erklärlich. In Österreich ist man in einem so ausgedehnten Umfang zur Papierwährung übergegangen, dass für die silbernen Guldenstücke eine Heimat wirklich nicht mehr vorhanden ist." — Allerdings fügte er dann bei: „nach unsern Nachrichten tritt dazu, dass die Industrie dazu übergegangen ist — was sie nach den in Österreich geltenden Gesetzen kann — sich Guldenstücke ausprägen zu lassen und sie zu Zahlungen nach Deutschland zu verwenden."[1] Grund und Tragweite dieser letzteren Sache scheint aber Camphausen nicht ganz überblickt zu haben.

Am prägnantesten fand der erwähnte Irrtum, die Papierwährung Österreichs sei schuld an der Überflutung Deutschlands mit österreichischen Gulden, in einer Rede des bekannten württembergischen Staatsmannes Freiherrn von Varnbüler seinen Ausdruck, welche Rede mit der zugehörigen Antwort Delbrücks ausserdem den Vorzug hat, einen Blick auf die Unklarheit und Unwissenheit, in welcher man sich auch bezüglich der österreichischen Vereinsthaler befand, zu gestatten. Varnbüler sagte:

„Gegenwärtig dringt das österreichische Silber über die Grenze Österreichs deshalb, weil es in Österreich nicht ausgegeben werden kann, weil man in Österreich in Silber nicht zahlt, weil in Österreich die Papierwährung ist, und weil Österreich seine Schulden im Ausland mit Metall bezahlen muss. Das ist der Grund, warum das Metall, der österreichische Gulden, über die Grenze Österreichs zu uns dringt, und nicht die Spekulation. Es ist doch anzunehmen, dass mit der Zeit die Papierwährung in Österreich aufhören wird. Sobald aber die Baarzahlung in Österreich aufgenommen wird, so ist anzunehmen, dass Österreich sein Silber behält,

[1] Sten. Ber., S. 530.

und dass dieses dann nicht mehr über die Grenzen Österreichs dringt. Wollte es aber geschehen zur Spekulation, und würden wir die österreichischen Gulden vertrieben haben, dann, meine Herrn, stände für Österreich gar nichts im Wege, alsdann statt des Guldens den Thaler zu prägen, der jetzt schon in Österreich zirkuliert und noch jetzt dort geprägt wird (!!!)“ [1]

Delbrück antwortete: „Handelte es sich blos darum, dass österreichische Gulden nach Deutschland gekommen wären, weil Österreich die Papierzirkulation hat, so läge die Sache anders. So liegt die Sache aber nicht. Es wird jetzt spekulationsweise geprägt.

„Anders verhält es sich mit den Thalern. Ich kann nach einer offiziellen Mitteilung anführen, dass Thaler in Österreich überhaupt nicht mehr geprägt werden, weder für Privatrechnung noch für Staatsrechnung. Der Thaler hat mit dem Aufhören der Münzkonvention aufgehört, ferner eine österreichische Münze zu sein (sic!), er wird nicht mehr geprägt.“ [2]

Zum Schlusse dieser Blütenlese noch zwei Vertreter des totalsten Unverständnisses für unsere Münzreform. Zuerst — die Namen will ich unterdrücken —: „... wir hoffen, dass Österreich von seiner Papierwährung zur Silberwährung übergeht. Ich glaube doch unter allen Umständen, dass dieses vollwertige Geldstück (der österr. Gulden) dann dahin zurückfliessen wird, woher es gekommen ist, und nicht pari mit unserm 18 Silbergroschenstück stehen wird; denn in der That ist das Zweimarkstück fortan nur 18 Silbergroschen realiter wert.“ [3]

Ganz ähnlich ein anderer Herr: „Sind wir erst einmal über das erste Einführungsstadium hinweg, so kann von einer Gefahr, dass der österreichische Gulden nebenbei

---

[1] 17. Sitzung, 22. April 1873. Sten. Ber., S. 258/59.

[2] Ebendort. Der letzte Satz von Delbrücks Antwort lautet im Stenogramm: „es wird nicht mehr geprägt.“ Offenbar ein Druckfehler.

[3] 17. Sitzung, 22. Mai 1873. Sten. Ber. S. 252.

bestehen bleibt, nicht mehr die Rede sein, denn der österreichische Gulden ist $7^2/_5$ (??) und unser Markstück wird $11\,^1/_9$ Prozent unter dem wirklichen Wert ausgeprägt. Ausserdem wollen wir die Hoffnung nicht aufgeben, dass Österreich noch einmal im Laufe der Zeit zur Silberwährung zurückkehren wird." [1]

Die geistigen Schlachten, in welchen diese gewaltigen Pfeile versandt wurden, schlug man um die Schaffung des Zweimarkstückes und um den Art. 13, welcher dem Bundesrat das Recht gab, den Umlauf fremder Münzen zu untersagen. — Bezüglich des Zweimarkstückes glaubten die einen, es werde wegen seiner Ähnlichkeit mit dem österreichischen Gulden diesem einen Unterschlupf gewähren, mindestens aber dessen Austreibung erschweren, die andern, ein Zweimarkstück sei eine Notwendigkeit; schaffe man es nicht von Reichswegen, so werde sich der österreichische Gulden, weil einem Bedürfnis entsprechend, unausrottbar an seiner Stelle substituieren. — Der Verbotsparagraph richtete sich eingestandenermassen in erster Linie gegen den österreichischen Gulden. Man machte gegen ihn geltend „es sei gegen das natürliche Gefühl, gegen alle nationalökonomischen Grundsätze, gegen die Gesetze aller Nationen und gegen die Bedürfnisse des Verkehrs, wenn die Gesetzgebung in das Vertragsrecht des Einzelnen so weit eingreife, dem Einzelnen zu sagen, er dürfe fremde Gold- und Silbermünzen einem dritten gegenüber nicht anbieten noch geben, wenn dieser dritte auch das Anerbieten annimmt." [2] Solche Eingriffe waren aber eine Notwendigkeit, um die neue Goldwährung im Werden zu schützen, und zur Besserung der „demoralisierten Münznatur des deutschen Volkes, das gewohnt ist, sich mit allem Janhagel von fremden Münzsorten zu vertragen." [3] Der Reichstag sah denn auch

[1] 28. Sitzung, 6. Mai 1873. Sten. Ber. S. 534.

[2] 29. Sitzung, 8. Mai 1873. Sten. Ber. S. 547. Dr. Mohl sprach diese Worte in Anlehnung an eine an den Reichstag gerichteten anonymen Petition, deren Standpunkt er verfocht.

[3] Bamberger im Reichstag; 10. Sitzung, 28. März 1873. Sten. Ber. S. 125.

diese Notwendigkeit ein, und gab dem Verbotsparagraphen seine Zustimmung. Damit war bei der im Bundesrat herrschenden Stimmung das Schicksal der österreichischen Silbergulden in Deutschland besiegelt.

III. DIE AUSTREIBUNG DER ÖSTERREICHISCHEN SILBERGULDEN.

Während der Reichstagsverhandlungen über das Münzgesetz hatte sich der Umlauf österreichischer Silbergulden in Deutschland immer mehr gesteigert. Selbst in Berlin konnte man sich ihrer nicht mehr erwehren. Zahlreiche Petitionen an den Bundesrat und an das Reichskanzleramt baten um ein Verbot ihres Umlaufes.

Ein sofortiges Verbot hätte jedenfalls grosse Verwirrung angerichtet. Man schätzte damals den deutschen Umlauf an österreichischen Gulden und Thalern auf 130 Millionen Thaler,[1] also den Umlauf an Gulden allein auf über 100 Millionen Thaler. Wo es sich um solche Summen handelte, war ein allzuscharfes und allzuplötzliches Vorgehen nicht am Platz. Jedenfalls ist in solchen Erwägungen der Beweggrund für die Massregeln des Bundesrates zu suchen.

Am 8. Juli 1873, am Tage vor der Publikation des Münzgesetzes, beschloss der Bundesrat „an die hohen Regierungen das Ersuchen zu richten, die Annahme der österreichischen Eingulden- und Zweiguldenstücke, sowie auch der niederländischen Eingulden- und Zweieinhalbguldenstücke bei den Staats- und sonstigen öffentlichen Kassen, soweit solches nicht bereits geschehen, sofort zu verbieten."[2]

Das war also noch kein Verbot des Umlaufes der österreichischen Gulden, sondern nur ein Verbot der An-

---

[1] Dr. Mohl im Reichstag; 29. Sitzung, 8. Mai 1875. Sten. Ber. S. 553.

[2] III. Denkschrift des deutschen Reichskanzlers über die Ausführung der Münzgesetzgebung.

nahme an den öffentlichen Kassen. Aber das allein genügte schon, um das deutsche Reich von den ungebetenen Gästen allmählich zu säubern. Dazu trug noch bei, dass der österreichische Gulden allmählich in die Kurszettel aufgenommen wurde. Im Verkehr erhielt er sich nur mit schwankendem, nicht überall gleichmässigem Disagio. Ohne Verlust ging es dabei für das deutsche Publikum nicht ab. Es scheint auch, als ob die Regierungen nicht überall ihre Pflicht, solche Verluste möglichst zu verhüten, gethan hätten. Fürst Hohenlohe-Langenburg sagte am 24. März 1874 darüber im Reichstag:

„Es ist mir bekannt, dass Finanzministerien die öffentlichen Kassen angewiesen haben, die österreichischen Gulden und die Fünffrankenstücke möglichst rasch auszugeben, wenige Tage, ehe von derselben Regierung die Ausserkurssetzung verordnet worden ist; ja es ist sogar geschehen, dass den Beamten der Vierteljahrs-Gehalt in dieser Münzsorte ausgezahlt worden ist, drei Tage, ehe in dem Verordnungsblatt des betreffenden Staates die Ausserkurssetzung gestanden hat.“

Diese Aufstellungen wurden nicht widerlegt. — Unter „Ausserkurssetzung“ scheint der Fürst Hohenlohe das Verbot der Annahme an den öffentlichen Kassen verstanden zu haben, das in seiner Wirkung allerdings einer Ausserkurssestzung gleichkam. Dass er auch von den Fünffrankenstücken spricht, scheint mir darauf hinzuweisen, dass er mit dem angegriffenen Finanzministerium das württembergische meinte, denn in Württemberg ist an die öffentlichen Kassen auch ein Verbot der Annahme der Fünffrankenstücke ergangen.[1]

Interessant ist das weitere Schicksal der österreichischen Silbergulden. Nach Österreich konnten sie nicht zurück. Dort hatte das Papier ihren Platz eingenommen. Sie waren also nach ihrer Austreibung aus Deutschland völlig heimatlos. — Die Spekulation bemächtigte sich ihrer,

---

[1] Sten. Ber. des deutschen Reichstages von 1873. — 29. Sitzung, 8. Mai. — Seite 548.

warf sie nach Belgien und schloss mit der dortigen Münze einen Vertrag auf deren Umprägung in Fünffrankenstücke, und zwar für eine Summe von 25 Millionen Franken. Das gelang noch gerade vor Thorschluss. Als die belgische Regierung die Silberprägung kontingentierte, war der Vertrag gerade abgeschlossen.[1]

Am 28. Januar 1874 erliess dann der deutsche Bundesrat, um einer erneuten Einwanderung von Gulden vorzubeugen, eine Verordnung, in welcher deren Umlauf verboten wurde.

[1] Hirths „Annalen“ 1874 S. 598. — Deutsches Handelblatt vom 8 Januar 1874. S. 22.

IV. ABSCHNITT.

VERBESSERUNG DER STELLUNG DER ÖSTERREICHISCHEN THALER IN DEUTSCHLAND NACH DER MÜNZREFORM.

I. DIE ÖSTERREICHISCHE THALERKRISIS UND DIE INTERPELLATION DES FÜRSTEN HOHENLOHE.

Gebranntes Kind scheut das Feuer. Wer an den österreichischen Gulden zu Schaden gekommen war, betrachtete jetzt auch die österreichischen Thaler mit einigem Misstrauen.[1] Allmählich begann man sich über das diesen bevorstehende Schicksal klar zu werden.

---

[1] Unterm 19. Juni 1873, also noch vor Erlass des Münzgesetzes, richtete die Leipziger Handelskammer eine Petition an den Bundesrat, welche für die damalige Unklarheit bezüglich der österreichischen Gulden und Thaler sehr bezeichnend ist. Sie bittet den Bundesrat, die österreichischen Gulden sofort und ohne Gestattung einer Frist zwischen der Bekanntmachung und dem Inkrafttreten der Verordnung zu verbieten. Dann fährt die Eingabe fort:

„Das Verbot wird übrigens unseres Dafürhaltens auch auf die Thaler und Doppelthaler österreichischen Gepräges zu erstrecken sein, von denen, wenn gleich die Ausprägung seit einer Reihe von Jahren sistiert ist, immer noch etliche Millionen (sic!) in Deutschland kursieren dürften, und welche abgesehen von ihrer mit unserm bisherigen Münzsysteme übereinstimmenden Stückelung mit dem Gulden auf gleicher Stufe stehen. Eine vertragsmässige Verpflichtung gegenüber dem österreichischen Kaiserstaate steht, nachdem dieser vermöge Vertrages vom 13. Juni 1867 aus dem 1857 begründeten Münz-

Am frühesten natürlich die Banken. Es scheint, dass sie sich in unauffälliger Weise ihrer Bestände an dieser Geldsorte zu entledigen suchten und sie dem Kleinverkehr zuschoben.

In den ersten Monaten des Jahres 1874 begannen die österreichischen Thaler die öffentliche Meinung und die Presse zu beschäftigen. Ihre Eigenschaft als gesetzliches Zahlungsmittel wurde in Zweifel gezogen, und im Publikum entstand bezüglich ihres Wertes und ihrer Zukunft grosse Unsicherheit. Dieser Zustand steigerte sich in der ersten Hälfte des März fast bis zur Panik. Es regnete Petitionen und Anfragen an die Reichsregierung und die Landesregierungen seitens des Publikums und der Handelskammern.[1]

---

verein ausgeschieden, und die in Art. 2 und 3 dieses Vertrages vorbehaltenen Übergangsfristen längst abgelaufen sind, dem fraglichen Verbot, welches dazu beitragen wird, den gegenwärtigen Silbervorat auf dem deutschen Markte in wünschenswerter Weise zu verringern, in keiner Weise entgegen."

Es ist mir unbegreiflich, wie ein so angesehenes Institut, wie die Leipziger Handelskammer, eine mit so wenig Sachkenntnis verfasste Petition dem Bundesrate vorlegen konnte. Allerdings bestand Österreich gegenüber keine vertragsmässige Verpflichtung mehr bezüglich der österreichischen Thaler. Aber österreichische Thaler und österreichische Gulden standen deshalb für das deutsche Reich noch lange nicht „auf gleicher Stufe". Der Gulden hatte in Deutschland niemals gesetzliche Zahlungskraft gehabt, niemand war dort jemals gezwungen, ihn in Zahlung zu nehmen. Seinen Umlauf konnte man also auch verbieten. Die österreichischen Thaler dagegen waren immer noch unbestrittenes gesetzliches Zahlungsmittel. Wie konnte der Staat, auf dessen Befehl jedermann die österreichischen Thaler gleich den deutschen, und zwar jetzt zu einem ihren Silberwert übersteigenden Werte in Zahlung nehmen musste, die österreichischen Thaler und zwar — wohlgemerkt — gleich den Gulden ohne Gestattung einer Frist, verbieten?! —

Wir werden freilich später sehen, dass die Reichsregierung selbst sich über diesen Punkt durchaus nicht klar war.

[1] Hervorzuheben ist die an anderer Stelle bereits erwähnte Petition der Kölner Handelskammer an das Reichskanzleramt, welche weitaus die klarste und treffendste Darlegung der Stellung der österr. Thaler im deutschen Münzwesen giebt — von allen, die mir zu Augen gekommen sind.

Der Bundesrat selbst scheint vollständig unschlüssig gewesen zu sein. Der bayrische Finanzminister erklärte auf eine Anfrage im bayrischen Landtag, eine Einziehung der österreichischen Thaler und Doppelthaler seitens des Reiches und auf Rechnung des Reiches sei „sehr wahrscheinlich". In der Petionenkommission des Reichstags dagegen erklärte der Regierungskommissar strikt und bündig: Die Reichsregierung könne keine Verbindlichkeit betreffend die Einlösung der österreichischen Thaler übernehmen.

Erst diese Erklärung scheint völliges Licht über die Situation verbreitet zu haben. Offenbar hatte man bisher immer noch gehofft, die Reichsregierung werde schliesslich doch die Einlösung übernehmen. Das hatte sie nun direkt und in aller Form abgelehnt.

In Süddeutschland kam es wieder zu einer Panik, gerade wie zwei Jahre zuvor wegen der österreichischen Gulden. Obwohl die bayrische Regierung auf eine Anfrage des Augsburger Handelsvereins die Eigenschaft des österreichischen Thalers als gesetzlichen Zahlungsmittels ausdrücklich bestätigt hatte, weigerte sich seit dem 17. März die Königliche Bank in Nürnberg, die österreichischen Thaler zu ihrem Nennwert anzunehmen. Sofort erliess auch die Nürnberger Vereinsbank ein Rundschreiben an ihre Geschäftsfreunde, des Inhalts, dass sie von nun an die Gutschrift von Zahlungen in österreichischen Vereinsthalern nur mehr zum jeweiligen Kurse vornehmen werde. Da offiziell nirgends ein Kurs für die österreichischen Thaler notiert wurde, stellte sie sich darunter wohl den Kurs von 1½ österreichischen Silbergulden vor. Die Folge dieser Massregeln war, dass der österreichische Thaler anfing, ein Disagio zu erhalten. Dieses wurde auch dadurch nicht beseitigt, dass das Finanzministerium in München unverzüglich die Königliche Bank in Nürnberg anwies, die österreichischen Thaler zu ihrem Nennwert wieder anzunehmen. Die Unsicherheit im Publikum bestand fort, da man über die Entschliessungen der Reichsregierung vollständig im Unklaren war. Auch in Norddeutschland bekam der österreichische Thaler ein Disagio, und hier und dort verweigerten öffentliche Kassen seine Annahme zum Nennwert, z. B. die Kassen der schlesisch-märkischen und der thüringischen Eisenbahn.

Am 21. März beschloss der Münchener Handlungsverein, zur Wahrung der Interessen des Münchener Platzes vom 22. März ab die Vereinsthaler österreichischen Gepräges nicht zu geben und nicht zu nehmen, bis über deren Ausserkurssetzung oder Einlösung das Nähere vom Bundesrate bestimmt sei. Dieser Beschluss brachte das Disagio des österreichischen Thalers in Süddeutschland auf 6 bis 7 Kreuzer, also auf ungefähr 6 Prozent. Da von seiten der Reichsregierung keine Massregel zu erwarten schien, interpellierte nun Fürst Hohenlohe-Langenburg im Reichstage: „ob von den verbündeten Regierungen beabsichtigt wird, die infolge des Münzvertrages vom 24. Januar 1857 als gesetzliches Zahlungsmittel geltenden Vereinsthaler österreichischen Gepräges demnächst ausser Kurs zu setzen."

In Beantwortung dieser Interpellation, am 24. März, stellte der Präsident des Reichskanzleramtes die Eigenschaft der österreichischen Thaler als gesetzlichen Zahlungsmittels völlig ausser Zweifel; er konstatierte ferner, dass sich der grösste Teil dieser Münzsorte nicht mehr in den Händen des Publikums, sondern in den Kassen des Reiches und der Einzelstaaten befinde, da diesen Kassen sofort beim Ausbruch der Panik empfohlen worden sei, die bei ihnen eingehenden Stücke nicht wieder auszugeben, falls der Empfänger deren Annahme verweigere. — Schliesslich versprach er eine Vorlage, welche die Regelung der Frage in den Weg der Gesetzgebung verweisen werde.[1]

Diese Antwort beruhigte die Gemüter, obwohl zunächst nur die gesetzliche Zahlungskraft der österreichischen Thaler konstatiert war; über ihre künftige Entfernung aus dem Umlauf, ob Einlösung oder nicht, darüber verlautete noch nichts. Die Zeitungen wussten zu melden, dass gerade

---

[1] Reichstagsverhandlungen vom 24. März 1874. — Sten. Ber. Seite 580—583. — Auf das dort vorgebrachte Material stützt sich zum grossen Teil meine Darstellung der Thalerkrisis.

bezüglich dieser Frage im Bundesrat selbst grosse Meinungsverschiedenheit herrsche.

Vielleicht hatte die preussische Regierung, welche hauptsächlich einer definitiven Entscheidung über den Modus der künftigen Beseitigung der österreichischen Thaler widerstrebte, ähnliche Gründe, wie sie Soetbeer im deutschen Handelsblatt vom 16. April 1874 entwickelt. Soetbeer legt dort sehr gut die Gleichheit der Stellung von deutschen und österreichischen Thalern dar, wie sie ja auch die Regierung durch Delbrück anerkannt hatte. Bezüglich ihrer Einziehung ist er der Ansicht, zuerst die deutschen Thaler, erst nach diesen die österreichischen einzuziehen. Vielleicht kehrt Österreich inzwischen zur Metallwährung zurück, nimmt vielleicht sogar die Goldwährung an. Dann ist der Zeitpunkt gekommen, an welchem sich Deutschland, unter Umständen ohne Verluste, seiner österreichischen Thaler entledigen kann.

Einen ähnlichen Gedankengang lassen auch die Motive des nunmehr dem Reichstage vorgelegten Gesetzentwurfes erkennen.

II. DAS GESETZ, BETREFFEND DIE ABÄNDERUNG DES ARTIKELS 15 DES MÜNZGESETZES, VOM 20. APRIL 1874.

Nur wenige Tage nach der Verhandlung über die Interpellation des Fürsten Hohenlohe ging dem Reichstag die von Delbrück in Aussicht gestellte Vorlage betreffend die österreichischen Thaler zu. Ihre Motive führen aus:

Das Schicksal der österreichischen Thaler sei ein unsicheres geworden, da der Bundesrat durch ihre Ausserkurssetzung den Wert dieser Silbermünzen plötzlich auf ihren Silberwert herabdrücken[1] und damit den zeitigen Inhabern

[1] Diese Auffassung scheint mir damals total unzulässig gewesen zu sein. Nach Art. 13 des Münzgesetzes vom 9. Juli 1873 hatte der Bundesrat allerdings das Recht, „den Umlauf fremder Münzen

mehr oder minder grosse Verluste bereiten könne. Schon im Interesse der schleunigen und ordnungsmässigen Durchführung der deutschen Münzreform bedürften die aus dieser Unsicherheit entsprungenen Verkehrsstockungen der Abhilfe; es könne nämlich eine Entscheidung über den Zeitpunkt des Eintrittes der Reichsgoldwährung nicht ohne Nachteil von der Rücksicht auf die gleichzeitig eintretende Ausserkurssetzung der österreichischen Thaler beherrscht werden. Der vorliegende Gesetzentwurf wolle daher den österreichischen Vereinsthalern ihre bisherige Stellung auch über den Eintritt der Reichswährung hinaus gewährleisten, so dass die gesetzgebenden Faktoren zu einem Zeitpunkt, bei dessen Auswahl sie nur die derzeitige Lage der Verhältnisse zu berücksichtigen hätten, über dieselben befinden könnten. Wenn der Entwurf Gesetz werde, könne also die Ausserkurssetzung der österreichischen Thaler nur noch im Wege der Gesetzgebung herbeigeführt werden.[1] Bei diesem

---

gänzlich zu untersagen." Dieses Recht konnte sich jedoch offenbar nur gegen fremde Münzen richten, welche innerhalb Deutschlands gesetzliche Zahlungskraft nicht genossen. Diese Auffassung erhellt auch ganz klar aus den Reichstagsverhandlungen über den betreffenden Artikel. Also die österreichischen Gulden konnte der Bundesrat verbieten. Aber nicht die Thaler. Übrigens ist zwischen Verbieten und Ausserkurssetzen ein Unterschied. Das Recht der Ausserkurssetzung aber stand dem Bundesrat nur gegenüber den deutschen Landesmünzen zu, und zwar nur mit der gleichzeitigen Verpflichtung, dieselben einzulösen. Zu diesen deutschen Landesmünzen gehörten die österreichischen Thaler nicht. Auf keine Weise also konnte der Bundesrat für sich das Recht einer „plötzlichen Ausserkurssetzung" der österr. Thaler in Anspruch nehmen. — Auch Soetbeer ist in der „deutschen Münzverfassung" der Ansicht, die Reichsregierung habe vor dem Gesetz vom 20. April 1874 den Umlauf der österr. Thaler verbieten können. Ich kann nur wiederholen, dass das Verbot einer in gesetzlichem Kurs befindlichen Münze ein Unding ist.

[1] Diese Behauptung in den Motiven und in der Rede Delbrücks (s. S. 84) entspricht zwar vollkommen den Thatsachen, nicht aber der eben besprochenen Auffassung, welche übrigens auch in der Rede Delbrücks zur Geltung kommt: der Bundesrat sei bis dato zu einer „plötzlichen Ausserkurssetzung" der österreichischen Thaler befugt gewesen. — An einer solchen Befugnis des Bundesrats

lediglich negativen Charakter des Gesetzes bleibe die Frage, auf welchem Wege die österreichischen Thaler in Zukunft aus dem deutschen Verkehr entfernt werden sollten, eine offene. Für ihre Lösung könne erst die künftige Gestaltung des Silbermarktes und die künftige Entwickelung der Münzgesetzgebung und der Valutaverhältnisse Österreichs massgebend sein.

Das Gesetz selbst lautet:

„Die Bestimmung in Art. 15 Ziffer 1 des Münzgesetzes vom 9. Juli 1873 findet auch auf die in Österreich bis zum Schlusse des Jahres 1867 geprägten Vereinsthaler und Vereinsdoppelthaler Anwendung."

Art. 15 Ziffer 1 des Münzgesetzes lautet, wie schon oben mitgeteilt:

„An Stelle der Reichsmünzen sind bei allen Zahlungen bis zur Ausserkurssetzung anzunehmen:

1) im gesamten Bundesgebiet an Stelle aller Reichsmünzen die Ein- und Zweithalerstücke deutschen Gepräges unter Berechnung des Thalers zu 3 Mark."

---

hätte das Gesetz vom 20. IV. 1874 auch nicht das geringste geändert. Das Gesetz bestimmte nur, dass bis zu ihrer Ausserkurssetzung auch die österreichischen Thaler, der Thaler zu 3 Mark gerechnet, gesetzliches Zahlungsmittel sein sollten. Wieso war denn nach diesem Gesetze nur noch eine Ausserkurssetzung der österreichischen Thaler im Wege der Gesetzgebung möglich? Das ganze Gesetz berührte und änderte ja in keiner Weise irgend welche Befugnis zur Ausserkurssetzung. Hatte der Bundesrat eine solche vorher gehabt, dann hatte er sie auch jetzt noch; der „Weg der Gesetzgebung" war dann überflüssig. Allerdings, hatte der Bundesrat diese Befugnis auch vorher nicht, wie es ja thatsächlich der Fall war, dann war die Sache geändert. Während nämlich bisher nach Art. 14 des Münzgesetzes mit Eintrittt der Reichswährung der österreichische Thaler ipso iure ausser Kurs gesetzt war, hatte er nung esetzliche Zahlungskraft auf unbestimmte Zeit, auf Kündigung gewissermassen, ganz unabhängig vom Eintritt der Reichswährung. Da ihm ferner die gesetzliche Zahlungskraft immer noch auf Grund der in Gemässheit des Wiener Münzvertrages von 1857 erlassenen Landesgesetze zukam, dem Bundesrat aber die Befugnis zur selbständigen Ausserkurssetzung nicht gesetzlich übertragen war, konnte die Ausserkurssetzung nur noch im Wege der Gesetzgebung erfolgen.

Man erinnert sich, dass in Ziffer 1 die Worte „deutschen Gepräges“ in der Regierungsvorlage gefehlt hatten, dass sie erst im Reichstag auf Antrag des Abgeordneten Dr. Wolffson eingesetzt wurden, mit der klar ausgesprochenen Absicht, die österreichischen Thaler von der Bestimmung dieses Artikels auszuschliessen, dass Delbrück damals diese Ausschliessung für so selbstverständlich erklärte, dass ihm der beantragte Zusatz als überflüssig erschien. Jetzt sollte der Artikel einen zweiten Zusatz erhalten, durch welchen der erste Zusatz in Begründung und Wirkung aufgehoben wurde. Tempora mutantur!

Im Reichstag entspann sich bei der Beratung des Gesetzes eine Debatte über die künftige Einlösungsverpflichtung des Reiches, ohne indes zu einer Klärung zu führen. Ein Zusatzantrag des Abgeordneten für Esslingen, Dr. Lenz, wollte die österreichischen Thaler auch hinsichtlich ihrer künftigen Einlösung durch das Reich zu ihrem gesetzlichen Wert von 3 Mark vollständig den deutschen Thalern gleichstellen. Delbrück erklärte sich jedoch im Namen der verbündeten Regierungen energisch gegen diesen Antrag. Einmal hielt er ihn für völlig überflüssig, weil das Gesetz nur die Beunruhigung des Publikums beseitigen wolle; diese sei aber nur durch die Gefahr einer plötzlichen Ausserkurssetzung der österreichischen Thaler seitens des Bundesrates hervorgerufen worden.[1] Diese Möglichkeit sei durch das vorgelegte Gesetz beseitigt.[2] Dann wies er auf die Möglichkeit hin, Österreich werde seine Valutaverhältnisse ordnen und die Thaler einlösen; er nannte es mehr als voreilig, wollte man die Verpflichtung übernehmen, Österreich auf Kosten des deutschen Reiches von seinen Thalern zu „befreien“.

Auch Bamberger sprach sich dagegen aus, „die österreichischen Münzen ohne weiteres als deutsche Landesmünzen zu erklären“. „Auf der andern Seite“, sagte er, „bin ich fest überzeugt, dass diese Vorlage, wie sie heute dasteht,

---

[1] Siehe Anm. 1. S. 81.

[2] Siehe Anm. 1. S. 82.

uns nimmer der Verpflichtung entheben wird, dieses Geld zu seinem Vollwert einzulösen. Sie stellen mit einem Worte die Volleinlösung unter die Garantie der Mitwirkung der deutschen Gesetzgebung und des deutschen Reichstags."

Man sieht aus diesen Sätzen: Bamberger war mit sich selbst nicht ganz einig. Es widerstrebte ihm, eine „Münze" mit fremdem Gepräge als eine deutsche anzuerkennen; auf der andern Seite war er sich dennoch ganz klar darüber, dass diese fremde Münze doch etwas mehr war als fremdes „Geld"; dass das Reich ihr gegenüber durch seine Gesetzgebung Verpflichtungen habe, deren Anerkennung es zwar hinausschieben, aber nicht völlig verläugnen könne.

Der Zusatzantrag Dr. Lenz wurde abgelehnt und das Gesetz in der Fassung der Regierungsvorlage angenommen.[1]

Damit war die Stellung der österreichischen Thaler bedeutend gebessert. Während bisher der Bundesrat nach seiner eigenen — allerdings irrigen — Auffassung sogar befugt gewesen wäre, den Umlauf der österreichischen Thaler als einer „fremden Münze" gemäs Artikel 13 des Münzgesetzes zu verbieten, sicher aber mit Eintritt der Reichswährung die österreichischen Thaler ihre Eigenschaft als gesetzliches Zahlungsmittel verlieren mussten, war ihnen jetzt diese Eigenschaft bis auf weiteres zugestanden, und eine Aufhebung derselben stand nicht mehr in der Kompetenz des Bundesrates allein, sondern war unter Mitwirkung des gesamten gesetzgebenden Apparates gestellt.

Rein juristisch war also ihre Position jetzt, nach dem Gesetze vom 20. April 1874, folgende:

Sie waren gesetzliches Zahlungsmittel auf unbestimmte Zeit, in Österreich zu 1½ Gulden, im deutschen Reich zu 3 Mark. Sowohl Österreich als das deutsche Reich konnten sie auf dem Wege der Gesetzgebung vollständig souverän und ohne Rücksicht aufeinander ausser Kurs setzen, mit oder ohne Einlösung, ganz nach eigenem Belieben.

---

[1] Siehe die Reichstagssitzungen vom 11. und 18. April 1874. Sten. Ber. S. 737—743; 917 und 918.

Dadurch dass ihre Ausserkurssetzung und die Modalitäten derselben im deutschen Reich nur auf dem Wege der Gesetzgebung beschlossen werden konnten, unterschieden sie sich von ihren Brüdern, den deutschen Thalern und allen andern noch vorhandenen deutschen Landesmünzen. Den letzteren gegenüber hatte das Reich die Verpflichtung übernommen, sie auf seine Rechnung einzulösen; der Bundesrat hatte die Befugnis, ihre Ausserkurssetzung und Einlösung im Verordnungswege zu bestimmen. Bezüglich der österreichischen Thaler hatte das Reich nicht die Verpflichtung übernommen, sie auf seine Rechnung einzulösen. Sowohl ihre Ausserkurssetzung als ihre etwaige Einlösung konnte nur durch ein Gesetz angeordnet und geregelt werden. Die österreichischen Thaler nehmen also von nun an juristisch eine ganz exzeptionelle Stellung im deutschen Münzwesen ein. Sie unterstehen unmittelbar der gesamten Gesetzgebung, während die deutschen Landesmünzen in ihrer Zukunft nur vom Bundesrat abhängen.

Ihre thatsächliche Stellung: Dadurch dass ihre Ausserkurssetzung auf unbestimmte Zeit hinausgeschoben und „unter die Garantie des Reichstages" gestellt war, erschienen sie in den Augen des Publikums als völlig rehabilitiert. Ihr Disagio verschwand. Sie liefen wieder um mit einem Geldwert von drei Mark in Gold, welcher ihren Materialwert um einige Prozente überstieg; und es war die von der Regierung ausdrücklich anerkannte Absicht, sie zu diesem Wert im Umlauf zu erhalten.

Was folgte aus dieser juristischen und thatsächlichen Stellung für ihre Zukunft? — Dass eine Ausserkurssetzung der österreichischen Thaler seitens des deutschen Reiches in Zukunft nicht mehr möglich war, ohne deren Einlösung zu drei Mark. Juristisch blieb eine solche Ausserkurssetzung allerdings immer noch unbenommen, so gut wie heute auf dem normalen Wege der Gesetzgebung unsere unterwertigen Reichssilbermünzen ohne Einlösung ausser Kurs gesetzt werden könnten; oder auch die Reichskassenscheine; das würde man allerdings einen Staatsbankerott nennen. — Politisch war von nun an die Ausserkurssetzung der österreichischen Thaler ohne Einlösung ausserhalb des Denkbaren. Delbrück selbst hatte ja am 11. April 1874 namens der Reichsregierung im Reichstage erklärt: „dass es eine harte Unbilligkeit sein würde, ihre (der österreichischen Thaler) Besitzer der Gefahr auszusetzen, welche mit einer plötzlichen Ausserkurssetzung verbunden ist.“ Was heute harte Unbilligkeit ist, bleibt es auch morgen. Die österreichischen Thaler konnten nicht auf eine Weise aus dem Verkehr gezogen werden, auf welche ihre zufälligen Inhaber geschädigt worden wären; das war auch von der Reichsregierung definitiv anerkannt.

Nichsdestoweniger hatte es die Reichsregierung abgelehnt, die Verpflichtung zur künftigen Einlösung der österreichischen Thaler, welche sie thatsächlich schon trug und thatsächlich auch in dem eben erwähnten Satze anerkannt hatte, gesetzlich zu übernehmen; und zwar unter Hinweis auf die Möglichkeit einer günstigeren Gestaltung des Silbermarktes und der österreichischen Valuta-Verhältnisse. Prüfen wir diese beiden Aussichten!

Eine Besserung des Silbermarktes war nach den thatsächlichen Verhältnissen nicht zu erwarten; sie trat auch in der Folgezeit nicht ein, sondern ihr genaues Gegenteil. – Setzen wir aber den Fall, sie wäre eingetreten, was der deutschen Reichsregierung im Jahre 1874 ja immerhin als möglich erscheinen konnte. Wäre das Silber in sein altes Verhältnis zum Golde zurückgekehrt, zur Relation von 1 : 15,5, oder gar über diese Relation gestiegen, dann allerdings wäre durch eine Weigerung der Reichsregierung, die österreichischen Thaler einzuziehen und zu 3 Mark das Stück einzulösen, niemand geschädigt worden. Einlösung oder Nichteinlösung wäre dann für die Thalerbesitzer völlig gleichgiltig gewesen, weil der Stoffwert des Thalers dann wieder mit seinem Geldwert zusammengefallen wäre. Aber auch für die Reichsregierung hätte es für diesen Fall gar keinen Sinn gehabt, die Einlösung der österreichischen Thaler abzulehnen, da ihr ja aus einer Einlösung unter solchen Verhältnissen keine Verluste hätten erwachsen können.

Besserte sich der Silbermarkt nicht bis zu diesem Grade, so mussten bei der Ausserkurssetzung ohne Einlösung die Verluste die einzelnen Inhaber treffen, sie wären nur nicht mehr ganz so gross gewesen; die Sache hätte sich also nur quantitativ, nicht qualitativ geändert, die „Unbilligkeit" wäre etwas weniger „hart" geworden, aber immerhin eine Unbilligkeit geblieben.

Die künftige Gestaltung des Silbermarktes spielt auch bei dem zweiten Argumente Delbrücks, der zu erwartenden Rückkehr Österreichs zur Metallwährung, ausschlaggebend mit. Kehrte Österreich unter sonst unveränderten Verhältnissen von seiner Papiervaluta zur thatsächlichen Silberwährung zurück, so war zunächst für seine Thaler nichts geändert. Der Thaler hätte auch dann in Österreich nur soviel gegolten wie das in ihm enthaltene Silber, nach wie vor $1^1/_2$ Silbergulden, nur ohne Agio gegen das Papier. Das war aber so lange weniger als 3 Mark, als das Silber auf dem Weltmarkt nicht wieder in das Wertverhältnis von 1 : 15,5 zum Golde zurückgekehrt war.

Ging aber Österreich zur Goldwährung über, dann kam es ganz auf die Relation an, welche es bei diesem Übergang wählte. War dieselbe für Silber ungünstiger als die beim deutschen Währungswechsel angenommene, vielleicht 1 : 18 (und ungünstiger musste sie bei einer andauernden Depression des Silbermarktes werden), dann war den deutschen Besitzern von österreichischen Thalern auch nicht geholfen. In Österreich hätten sie dann bei der Einlösung einen geringeren Wert erhalten, als der österreichische Thaler in Deutschland gesetzlich besass. In Deutschland galt der Thaler $= \frac{1}{30 \,.\, 15{,}5}$ ℔ feines Gold, in Österreich hätte er vielleicht nur $\frac{1}{30 \,.\, 18}$ ℔ feines Gold gegolten, also statt $\frac{1}{465}$ nur $\frac{1}{540}$ ℔ Gold. — Falls der österreichische Thaler nach einem solchen Übergang Österreichs zur Goldwährung in Deutschland ohne Einlösung ausser Kurs gesetzt wurde, wäre nach wie vor der Verlust auf die deutschen Inhaber gefallen. — Also auch bei einem Übergang Österreichs zu einer Metallwährung, ob Gold- oder Silberwährung konnte der österreichische Thaler in Österreich nur dann dessen Wert in Deutschland erreichen, wenn das Silber zu seinem beim deutschen Währungswechsel zu grunde gelegten Verhältnis zum Gold zurückkehrte, bei einer österreichischen Silberwährung also sein Silberwert wieder mit seinem deutschen Geldwert zusammenfiel, bei einem Übergang zur Goldwährung Österreich die gleiche Relation wie Deutschland zugrunde hätte legen können und zu grunde gelegt hätte.

Die Sache stand also folgendermassen: Das deutsche Reich konnte für die Folgezeit billiger Weise nur dann die Einlösung der österreichischen Thaler seinen Angehörigen gegenüber ablehnen, wenn an der Einlösung selbst keine Verluste zu erleiden waren; wenn man den Thaler als Material auf dem Edelmetallmarkte zu drei Mark verkaufen konnte, oder wenn Österreich den Thaler zu einem Werte von drei Mark einlöste, bezw. der in Österreich noch Kurs geniessende Thaler in österreichischer Valuta drei deutsche Reichsmark wert war. So lange diese Verhältnisse nicht eintraten, so lange an den Thalern also überhaupt noch Verluste erlitten werden mussten, war das deutsche Reich aus Gründen der Gerechtigkeit und Billigkeit seinen Unterthanen gegenüber gebunden, die österreichischen Thaler bei einer Ausserkurssetzung zu 3 Mark das Stück einzulösen. Die gesetzliche Übernahme dieser moralischen Verpflichtung seitens des Reiches hätte deshalb schon mit dem Gesetz vom 20. April 1874 erfolgen können, weil das Reich für den Fall, dass die günstigen Verhältnisse eintraten, in Hinblick auf deren Möglichkeit es die Einlösungsverpflichtung ablehnte, durch die Einlösung keinen Schaden erlitten hätte, für alle andern Fälle aber die „harte Unbilligkeit“ nicht begehen konnte, den entstehenden Verlust auf den einzelnen Inhabern sitzen zu lassen.

Österreich gegenüber hätte man durch die gesetzliche Übernahme der Einlösungsverpflichtung weder auf ein Recht verzichtet, noch eine Verpflichtung übernommen Seit Ablauf des Jahres 1870 herrschte ja bezüglich des ehemals gemeinschaftlichen Umlaufsmittels völlige Vertragslosigkeit. Jeder Staat konnte über die Münzen seines Gepräges vollständig eigenmächtig befinden. Österreich hatte das Recht, die Thaler ohne irgend welche Einlösung ausser Kurs zu setzen. Dem deutschen Reiche stand dem gegenüber absolut kein Einspruchsrecht zu.

Noch viel weniger war Österreich verpflichtet, die Thaler seines Gepräges einzulösen, ehe es sie ausser Kurs setzte, und ganz haltlos wäre es gewesen, von Österreich für den Thaler mehr als seinen in Österreich gesetzlichen Wert von 1 1/2 Gulden zu verlangen. Ganz abgesehen davon, dass eine Einlösung der österreichischen Thaler von seiten des österreichischen Kaiserstaates nur dann für das deutsche Reich gegenüber einer Veräusserung derselben als blosses Material von nennenswertem Vorteil geworden wäre, wenn sich der Geldwert des Guldens, und damit auch des Thalers, in Österreich über seinen Silberwert erhob — welcher Fall völlig unerwarteter Weise 1879 wirklich eintrat — ganz davon abgesehen konnte das Reich dadurch, dass es seinen Unterthanen gegenüber die Einlösung der österreichischen Thaler zu ihrem deutschen Tarifierungswert übernahm, schon deshalb nicht auf ein Recht Österreich gegenüber verzichten, weil es gar kein Recht besass, von Österreich eine Einlösung zu verlangen. Wenn aber Österreich nicht aus juristischen Zwangsgründen, sondern aus Gründen allgemeiner Billigkeit unter gegebenen Verhältnissen die Einlösung seiner Thaler zu irgend einem ihren Silberwert übersteigenden, den Wert von 3 Mark aber nicht erreichenden Satze übernehmen wollte, so konnte es das thun, ganz unabhängig davon, wie sich die deutsche Reichsregierung mit ihren Unterthanen in dieser Sache auseinandergesetzt. Also auch hier wäre nichts im Wege gestanden, die Verpflichtung des deutschen Reiches zur Einlösung der österreichischen Thaler zu ihrem deutschen Geldwert den deutschen Staatsangehörigen gegenüber offiziell anzuerkennen und gesetzlich festzulegen.

Trotzdem das nicht geschah, herrschte im deutschen Publikum nach der Beantwortung der Interpellation des Fürsten Hohenlohe und nach dem Erlass des Gesetzes vom 20. April 1874 bezüglich des Schicksals der österreichischen Thaler vollkommene Ruhe, und konnte vollkommene Ruhe herrschen. Denn nach dem thatsächlichen Stand der Dinge konnte es niemanden zweifelhaft sein, dass allenfalls bei der Ausserkurssetzung der österreichischen Thaler eintretende Verluste, trotz allen Sträubens der Reichsregierung gegen diese letzte Konsequenz, vom Reiche würden übernommen werden; dass dieses, wenn Österreich sich dazu herbeilassen würde, sich höchstens nach gütlichem Übereinkommen mit diesem in den Verlust würde teilen können. Die letztere Möglichkeit konnte jedoch so lange überhaupt nicht in Betracht kommen, als in Österreich selbst der Geldwert von 1 Thaler oder 1½ Gulden nicht höher war als sein Silberwert.

III. DAS GESETZ VOM 6. JANUAR 1876.

Im deutschen Reiche trat an die Stelle der Beschäftigung mit den österreichischen Thalern speziell in der Zeit der ungünstigen Wechselkurse, der Goldausfuhr und des hohen Berliner Goldpreises von Mitte 1874 bis Mitte 1875 die Beschäftigung mit den Thalern überhaupt. Ihnen schrieb man die Hauptschuld an der deutschen Währungskrisis in dieser Zeit zu. Alle ehemaligen Landeskurantmünzen waren nach und nach eingezogen, die Drittelsthaler zunächst als Scheidemünzen beibehalten worden, nur Thaler und Doppelthaler waren als Kurantgeld geblieben. Durch kaiserliche Verordnung vom 22. September 1875 wurde der Eintritt der Reichswährung im gesamten Bundesgebiete auf den 1. Januar 1876 festgesetzt, nachdem schon vorher die Mehrzahl der Bundesstaaten von dem ihnen zustehenden Rechte Gebrauch gemacht, und die Reichswährung in ihrem Gebiet auf partikularem Wege eingeführt hatten.

Obwohl die einzigen silbernen Kurantmünzen eine eigentliche Gefahr für die deutsche Währung nach Überwindung der Krisis von 1874/75 wohl kaum mehr darstellten, trotz ihrer Unterwertigkeit — sie waren ja nur in einer so beschränkten Summe, nach der höchsten Schätzung von 500 Millionen Mark, vorhanden, auf welche herab der deutsche Umlauf fast unmöglich sinken konnte — war ihr blosses Vorhandensein manchen Leuten, welche auf Konsequenz und Harmonie auch in Münzangelegenheiten etwas hielten — eine erfreuliche Erscheinung in Anbetracht der früheren deutschen Münzverlotterung, — ein Dorn im Auge. Unter denjenigen, welche die Reichsregierung um eine Änderung in dieser Sache ersuchten, war auch der Verein für Sozialpolitik.[1]

Die Reichsregierung gab scheinbar nach. Sie brachte einen Gesetzentwurf vor den Reichstag, durch welchen der Bundesrat ermächtigt werden sollte, zu verordnen, dass die Einthalerstücke deutschen und österreichischen Gepräges bis zu ihrer Ausserkurssetzung nur noch an Stelle der Reichssilbermünzen in Zahlung zu nehmen sind. — Ich erwähne dieses Gesetz nur der Vollständigkeit halber. Thatsächliche Tragweite hatte es nicht.

Seine Motive setzten sehr treffend auseinander, wie wenig sich Silberkurantgeld mit dem Grundgedanken des deutschen Münzwesens vertrage. Sie versprachen ausserdem die baldige Ausserkurssetzung der Doppelthaler, während

---

[1] Er beschloss auf Antrag von Nasse, vorzuschlagen:

1) Die Zahlungskraft der Thaler auf Beträge bis zu 100 Mark zu beschränken, sie also zu einer Art höheren Scheidemünze zu machen, welche gleich den Reichssilbermünzen an bestimmten Kassen vom Reiche in Gold umgewechselt werden sollte.

2) Thaler bis zu einem die Hälfte ihres Baarvorrates nicht übersteigenden Betrage unter Garantie des Reiches für einen gewissen Goldwert der Reichsbank zu überweisen, als vorläufige gesetzliche Baardeckung der Noten.

sie die Ausserkurssetzung der Einthalerstücke in weite Fernen rückten. Um aber den Übergang zur reinen Goldwährung nach Möglichkeit zu beschleunigen, verlangten sie für den Bundesrat die Befugnis, die Thaler zur Scheidemünze degradieren zu dürfen.

Damit war nun auch der eifrigste Goldwährungsfanatiker zufrieden. Denn wenn jemand eine Befugnis verlangt, nimmt man doch an, dass er von ihr Gebrauch machen will. Die Vorlage wurde unverändert Gesetz und unterm 6. Januar 1876 publiziert. — Der Bundesrat hat aber von der ihm zustehenden Befugnis bis heute noch keinen Gebrauch gemacht, und die Gefahr, zur Scheidemünze degradiert zu werden, ist für die Thaler auch heute noch in weiter Ferne.

IV. DIE BESEITIGUNG DER ÖSTERREICHISCHEN DOPPELTHALER.

Die in den Motiven des eben besprochenen Gesetzes in Aussicht gestellte Ausserkurssetzung der Doppelthaler liess noch einige Zeit auf sich warten. Auf diese Ausserkurssetzung konnte man insofern gespannt sein, als man erwarten durfte, die Reichsregierung werde sich nun bezüglich der österreichischen Thaler zu irgend einem weiteren Schritte entscheiden müssen. Wenn sie die Doppelthaler ausser Kurs setzte, so konnte sie doch kaum die Ausserkurssetzung bloss auf die deutschen Doppelthaler beschränken, die österreichischen aber — ca. 25.500 Stück waren von diesen geprägt — im Umlaufe belassen. Wollte aber der Bundesrat mit den deutschen Doppelthalern auch die österreichischen beseitigen, dann stand er unmittelbar vor der brennenden Frage: mit oder ohne Einlösung? Und eben dieser Frage war man bisher mit aller Sorgfalt aus dem Wege gegangen.

Seit dem Gesetz vom 20. April 1874 war der Bundesrat überhaupt nicht mehr berechtigt, die österreichischen Thaler ausser Kurs zu setzen oder einzulösen. Dazu wäre die Zustimmung des Reichstages notwendig gewesen. Der Bundesrat hätte also dem Reichstag ein Gesetz vorlegen müssen, durch welches er die Berechtigung erhalten hätte, die österreichischen Doppelthaler ausser Kurs zu setzen und auf Rechnung des Reiches zu 6 Mark das Stück einzulösen. Andrerseits hätte man ein solches Gesetz doch nicht einseitig auf die österreichischen Doppelthaler beschränken können, sondern man hätte es notwendigerweise auch auf die österreichischen Einthalerstücke, welche ja genau auf derselben Grundlage standen, ausdehnen müssen. Die Einthalerstücke anders behandeln als die Doppelthaler, wäre nicht angängig gewesen. Der Bundesrat war jedoch in sich selbst über die ganze Frage nicht einig und wollte sich die Entscheidung über Einlösung oder Nichteinlösung der österreichischen Thaler unter allen Umständen offen halten. Man stand also vor einem bösen Dilemma. Aber man kam mit grossem Geschick daran vorbei.

Am 2. November 1876 erfolgte die Bekanntmachung, durch welche die Doppelthaler ausser Kurs gesetzt wurden. Nach dieser Bekanntmachung erstreckte sich die Ausserkurssetzung wirklich nur auf die Doppelthaler deutschen Gepräges. Die grammatikalische Diktion ist zwar in § 1 etwas zweifelhaft. Es heisst dort:

„Die Zweithaler-(3½ Gulden-)Stücke und die Drittelthalerstücke deutschen Gepräges gelten vom 15. November 1876 ab nicht ferner als gesetzliches Zahlungsmittel."

Man könnte einen Augenblick im Zweifel sein, ob sich die Worte „deutschen Gepräges" vielleicht nur auf „Eindrittelthalerstücke" beziehen; dass also unter den „Zweithaler-(3½ Gulden-)Stücken" auch diejenigen österreichischen Gepräges begriffen wären. Aber abgesehen davon, dass diese Auslegung rechtlich nicht zulässig ist, weil die österreichischen Doppelthaler nur auf dem Wege der Gesetzgebung, nicht auf dem einfachen Verordnungswege ausser Kurs gesetzt werden konnten, ist in § 2 auch die grammatikalische Diktion vollständig klar. Es heisst dort: „Zweithaler (3½ Gulden-) und Eindrittelthalerstücke deutschen Gepräges". — „Deutschen Gepräges" bezieht sich hier auf „Stücke", und Stücke sowohl auf „Eindrittelthaler-" als auch auf „Zweithaler (3½ Gulden.)"

Der Bundesrat setzte also thatsächlich die deutschen Doppelthaler ausser Kurs, die österreichischen nicht, formell wenigstens nicht. Thatsächlich jedoch beschloss der Bundesrat in derselben Sitzung, in welcher die erwähnte Bekanntmachung beschlossen wurde, „sich damit einverstanden zu erklären, dass die Einlösungskassen angewiesen werden, auch die zur Umwechselung präsentierten österreichischen Doppelthaler anzunehmen und gesondert abzuliefern."[1]

Rechtlich hatte man sich damit nichts vergeben, auch nichts bezüglich der Einthalerstücke österreichischen Gepräges präjudiziert. Aber der Fiskus wechselte gewissermassen in seiner Eigenschaft als Privatmann aus Gefälligkeit, ohne irgendwie dazu gezwungen zu sein, auch die österreichischen Doppelthaler, welche gar nicht aufgerufen, deren Ausserkurssetzung gar nicht ausgesprochen war, die ihm also nur halb missverständlich zu den Einlösungskassen gebracht werden konnten, mit einem zugedrückten Auge in deutsche Reichsmünzen oder in Einthalerstücke um. Aller Wahrscheinlichkeit nach wurden ihm ziemlich alle in Deutschland umlaufenden österreichischen Doppelthaler gebracht. Diese wurden nicht wieder ausgegeben, aber nicht etwa demonetisiert: sie wurden gesondert aufbewahrt und begannen in den Kellern der Reichsbank auf bessere Tage für das Silber und auf eine Besserung der österreichischen Valuta zu harren.

Ausser Kurs gesetzt sind diese Doppelthaler bis heute noch nicht.[2] Der Bundesrat hat auch damals in keiner Weise seine Kompetenz überschritten. Aber aus

---

[1] Fünfte Denkschrift des Reichskanzlers über die Ausführung der Münzgesetzgebung.

[2] R. Telschow, der gesamte Geschäftsverkehr mit der Reichsbank, 6. Auflage, bearbeitet von A. Schacht, kaiserl. Bankbuchhalter in Berlin (Reichshauptbank), bemerkt S. 114 in einer Anmerkung, die

dem Umlauf beseitigt sind sie eben doch, so dass jetzt eine Ausserkurssetzung derselben gegenstandslos wäre. Die staatsrechtliche Frage: Einlösung der österreichischen Thaler oder nicht? wurde also damals gewissermassen auf privatrechtlichem Wege umgangen und blieb, gemäss den Intentionen des Bundesrates nach wie vor eine offene. Für das Publikum erschien sie indes als thatsächlich erledigt: umsomehr, als die österreichischen Einthalerstücke selbst immer mehr aus dem Verkehr verschwanden und sich in der Reichsbank ansammelten.

Von nun an blieb die Frage bis Ende des Jahres 1891 in Deutschland unverändert in demselben Stadium.

österreichischen Doppelthaler seien in Deutschland ausser Kurs gesetzt. Das ist nach obigem ein Irrtum, jedenfalls dadurch hervorgerufen, dass die österr. Doppelthaler, welche 1876 eingelöst wurden, von der Reichsbank nicht ausgegeben werden dürfen, und dass österr. Doppelthaler thatsächlich im Verkehr nicht mehr vorkommen, der Reichsbank also auch nicht in Zahlung angeboten werden können.

V. ABSHNITT.

ÄNDERUNG DER STELLUNG DES ÖSTERREICHISCHEN THALERS IN ÖSTERREICH.

I. DIE SOGENANNTE SELBSTREGULIERUNG DER ÖSTERREICHISCHEN VALUTA.[1]

Von Österreich selbst, dem Heimatlande unserer österreichischen Thaler habe ich bis jetzt sehr wenig erzählt, aus dem sehr einfachen Grunde, weil wenig von ihm

---

[1] Für das nachfolgende sei auf die zahlreichen gelegentlich der österreichischen Valutaregulierung erfolgten Veröffentlichungen hingewiesen; insbesondere auf die im k. k. Finanzministerium verfassten umfangreichen Materialsammlungen „Statistische Tabellen zur Währungsfrage“ 1892, und „Tabellen zur Währungsstatistik“ 1893. — Ferner auf Lexis „Papiergeld“ im Handwörterbuch der Staatswissenschaften, Bd.V.; Lotz, die Währungsfrage in Österreich Ungarn, in Schmollers Jahrbüchern Bd. XIII. Heft 4, auch in Separatabdruck erschienen; Inama Sternegg, die neue Währungs- und Münzgesetzgebung in Österreich-Ungarn, in der Wiener Zeitschrift für Volkswirtschaft etc. 1892; Mataja, die Währungsenquête, ebendort; Carl Menger, die österreichische Valutaregulierung, drei Artikel in Conrads Jahrbüchern, 1892; Ostersetzer, Währungswechsel und Aufnahme der Barzahlungen, 1892, u. a. mehr.

Ich kann hier auf diese interessanten Dinge nicht näher eingehen, da mich die Entwickelung der österreichischen Valuta nur so weit zu interessieren hat, als sie auf das Verhältnis der österreichischen Thaler einen Einfluss ausübt. Ich werde mich also in der Hauptsache nur auf eine Darstellung des Thatsächlichen beschränken, ohne mich in weit aussehende Erörterung über die Gründe dieser Entwickelung einzulassen.

zu erzählen war. Nach dem Anlauf zur Goldwährung im Jahre 1867 prägte Österreich von 1870 ab ein nicht sehr erhebliches Quantum von goldenen 8- und 4-Gulden- bzw. 20- und 10-Frankenstücken ohne indes einen einschneidenden Entschluss zur Änderung seiner Geldverhältnisse zu treffen. Die Noten der Nationalbank, neben ihnen die 1866 geschaffenen Staatsnoten, hatten nach wie vor Zwangskurs, und der Silbergulden genoss ein schwankendes Aufgeld. Die erwähnten neugeschaffenen Goldmünzen hatten abgesehen von Zollzahlungen[1] den Charakter von Handelsmünzen.

Seit 1873, mit welchem Jahr der Silberpreis auf dem Weltmarkt stark zu sinken begann, trat in Österreich die bekannte überraschende Erscheinung zu Tage, dass mit dem Sinken des Silberwertes auch das Aufgeld des Silberguldens gegen den Papiergulden fiel, während gleichzeitig die Wechselkurse des österreichischen Papiergeldes gegen die Länder mit Goldwährung ziemlich konstant blieben. Im Januar 1877 schwankte in Wien der Silberkurs, d. h. der Kurs des österreichischen Silberguldens in österreichischen Papiergulden, noch zwischen 112,50 und 117,70; im April 1878 war er durchschnittlich 106,57; im Mai 105,33; im Juni 102,80; im Juli 100,92. Ende Juli war der Paristand mit

---

[1] Nach dem Gesetz vom 27. Juni 1878 hatten in Österreich vom 1. Jan. 1879 ab die Zollzahlungen in Gold zu erfolgen. Die Tarifsätze bezogen sich auf den erwähnten Goldgulden gleich 2,50 Frank; die Zahlung konnte auch in Silbermünzen mit monatlich festgesetztem und bekannt gemachtem Aufgeld erfolgen.

Durch Finanzministerial-Verordnung vom 27. Dezember 1878 wurde bestimmt,

in Art. 3) „Alle bisherigen Bestimmungen über die Verwendbarkeit ausländischer Silbermünzen zu Zollzahlungen werden hiermit ausser Wirksamkeit gesetzt.“ — Das war eine partielle Ausserkurssetzung der **deutschen** Thaler in Österreich, hatte indess lediglich formale Bedeutung. —

In Verzeichnis B. zu dieser Verordnung sind alle zur Zollzahlung zugelassenen Silbermünzen aufgeführt; darunter die österr. Ein-Vereinsthaler korrekt zu ihrem österr. Geldwert von $1^1/_2$ Gulden. — Die **österr. Doppelthaler** werden nicht erwähnt. Sie galten also für Österreich offenbar als offiziell beseitigt.

100,15 nahezu, am 30. und 31. August war er thatsächlich erreicht.[1]

Es folgten von da ab nur noch ganz kleine Schwankungen, denen ich hier nicht im einzelnen nachgehen kann. Vom 1. Januar 1879 an kam kein Silberagio mehr zum Vorschein. Da der Silberpreis immer noch zu fallen fortfuhr, die Wechselkurse des Auslandes auf Wien dieser sinkenden Bewegung nicht im gleichen Schritte folgten, rentierte es sich, Silber nach Wien zu schicken und ausprägen zu lassen. Die Arbitrage nutzte diese Konjunktur voll aus. Die Silberprägung Österreichs stieg in unerhörtem Masse. Die Zirkulation begann sich wieder mit Silbergulden zu füllen, allerdings nicht zur grossen Freude der Österreicher, welche sich in den langen Jahren der Papierwährung an die bequemeren Noten gewöhnt hatten.

So war denn ohne Zuthun der österreichischen Regierung auf eine ganz unerwartete und damals sehr verschieden erklärte Weise die Valuta Österreichs in dem Sinne wiederhergestellt, dass man für 100 Gulden Papier, wenn man auch keinen gesetzlichen Anspruch auf deren Einlösung seitens des Staates oder seitens der Bank hatte, doch überall thatsächlich 100 Silbergulden erhalten konnte.

Und die Folge für unsere österreichischen Thaler? — Diese sind für Deutschland zunächst noch völlig belanglos. Der Thaler galt in Österreich nach wie vor $1\frac{1}{2}$ Silbergulden; der Geldwert eines Silberguldens fiel auch jetzt noch in Österreich mit seinem Silberwert zusammen, nur hatte er sein Aufgeld gegen den Papiergulden verloren. Der Thaler galt also auch jetzt in Österreich noch nicht mehr als sein Stoffwert. Durch das Verschwinden des Agios war nicht der Thaler in seinem Verhältnis zum Silber, sondern nur das österreichische Papiergeld in seinem Verhältnis zum Silbergeld berührt worden. Der gesetzliche Geldwert des Thalers in Österreich war zunächst immer noch an den Wertgang des Silbers gebunden, nur der Wert des Papiergeldes hatte sich zum Wert des Silbergeldes erhoben, oder

[1] Die Zahlen sind sämtlich aus Menger cit. entnommen.

das Silber war, wenn man will, auf den Wert des Papiergeldes gefallen. Die ganze interessante Selbstregulierung der österreichischen Valuta hatte also für unsern Thaler keine Bedeutung.

Im übrigen fiel der Silberpreis mehr und mehr. London notierte im Jahre 1879 für Silber durchschnittlich 51¼ d., während das deutsche Reich auf Grund eines Silberpreises von 60⅞ d. zur Goldwährung übergegangen war. Silbereinziehungen und Silberverkäufe wären also für den deutschen Fiskus mit grossen Verlusten verbunden gewesen. Im Mai 1879 stellte daher die Reichsregierung die Silberverkäufe und ebenso das Einziehen der Thaler ein. Ob das ein Fehler war oder nicht, habe ich hier nicht zu beurteilen. Durch diese Massregel waren die Thaler in unserm Münzsystem in Permanenz erklärt.

II. DER THALER WIRD AUCH IN ÖSTERREICH UNTERWERTIGES GELD. KONSEQENZEN DARAUS FÜR DIE THALERFRAGE.

Mit der Wiederherstellung der effektiven Silberwährung in Österreich war das Schicksal des österreichischen Geldes wieder eng an das Schicksal des Silbers geknüpft. Da der Silberpreis stark fiel, musste auch der Wert des österreichischen Guldens gegenüber dem Golde fallen. Während bis zum Jahre 1878 die österreichischen Wechselkurse in einem ziemlich festen Verhältnis zu den Valuten der Goldwährungsländer sich gehalten hatten und von dem Fallen des Silberpreises unberührt geblieben waren, mussten sie von dem Augenblick an, in welchem der österreichische Papiergulden das Pari mit dem Silbergulden erreicht hatte, mit dem Silberpreis fallen. Niemand kaufte jetzt natürlich einen Wechsel auf Wien zu einem merklich höheren Preise, als ihn das in der betreffenden Summe gesetzlich enthaltene Feinsilber zu stehen kam. Er konnte ja das Silber, da in Österreich freies Prägerecht bestand, gegen 1% Prägegebühr jederzeit in Gulden ausmünzen lassen und damit seine Verbindlichkeiten in Österreich begleichen. Soweit ging also alles in den Geleisen einer gewöhnlichen Silberwährung.

Im Frühjahr 1879 trat die österreichische Valuta in ein neues Stadium ein.

Das fortwährende Fallen des Silberwertes, verbunden mit einer Überflutung des österreichischen Marktes mit Silbergulden fing an, die österreichische Regierung ernsthaft zu beunruhigen, sobald die österreichische Valuta selbst dadurch direkt in Mitleidenschaft gezogen war. Was konnte man thun, um die österreichische Valuta für die Zukunft vom Fallen des Silberpreises unabhängig zu machen? — Man hob auf dem Verordnungswege die freie Prägung für Privatrechnung auf.

Den Zustand eines Geldes mit gesperrter Prägung habe ich gelegentlich der Einstellung der Silberkurantprägung bei der deutschen Münzreform schon eingehend besprochen. In Österreich wurde die Prägung freilich nicht völlig gesperrt. Die Regierung behielt sich das Recht vor, für ihre Rechnung auch fernerhin prägen zu lassen; sie machte aber davon nur einen mässigen Gebrauch.

Der Wert des österreichischen Geldes konnte sich jetzt über den Materialwert seines gesetzlichen Silbergehaltes erheben. Da man nicht mehr nach Bedürfnis das Pfund feinen Silbers in 45 Gulden verwandeln lassen konnte, war die Möglichkeit gegeben, dass man im Bedarfsfalle das Pfund Silber, wenn man gesetzliche Zahlungsmittel brauchte, für weniger als 45 Gulden hingeben musste; etwa für 44, 43 oder 40.

Das war denn auch der thatsächliche Gang der Dinge. Der Geldwert des Guldens erhob sich wirklich über den Wert des gesetzlichen Silbergehaltes; und zwar zahlte man 1879 schon für $^1/_{45}$ Pfund Silber, den gesetzlichen Silbergehalt eines Guldens, 96,85 Kreuzer ö. W.; 1886 nur noch 91,95 kr.; 1891: 84,69 kr. Und heute, wo allerdings schon der Übergang zur Goldwährung seine Schatten voraus werfen mag, bei einem Kurs des österreichischen Guldens von 1,63 Mark und einem Silberpreis von 28 d. ist der Preis von $^1/_{45}$ Pfund Silber nur 50, 44 kr. ö. W.

Also der Wert der gesetzlichen Zahlungsmittel stieg über die Basis des Wertes des ursprünglichen Währungsmetalles; ganz wie in Deutschland der Wert des Thalers sich nach gesperrter Prägung über den Wert von 1/30 Pfund Silber erhob, nur dass diesem durch die freie Vermehrbarkeit der Goldmünzen in dem Wertgang des Goldes eine obere Grenze gezogen war, bei welcher angekommen sein Geldwert an das Gold geknüpft erschien. Eine solche obere Grenze war dagegen dem Geldwerte des österreichischen Guldens nicht gezogen.

So natürlich dieser ganze Vorgang ist, so mysteriös wird er meistens aufgefasst; und zwar nur, weil hier in Österreich Papiergeld mitspielt, und Papiergeld hat schon seit den Tagen des John Law etwas sinnverwirrendes an sich. Man behauptet: Der Papiergulden fing an, dem Silbergulden gegenüber ein Agio zu geniessen, nahm aber den Silbergulden, weil dieser ihm, dem Papiergulden einmal gesetzlich gleichgestellt war, gewissermassen widerwillig mit sich in die Höhe. So behauptet Lexis[1], der Wert des Silberguldens werde in Österreich durch seine Verknüpfung mit dem Papiergulden über seinen inneren Metallwert emporgehalten;[2] und Lotz[3], der Kurs des Silberguldens werde — ähnlich wie in Deutschland der Kurs des Thalers vom Golde — in Österreich vom Papiergulden durchgeschleppt;[4] schliesslich Inama-Sternegg:[5] wie bei den Scheidemünzen folge der fiduziäre Wert des Silberguldens der Wertbewegung des eigentlichen Wäh-

---

[1] Handwörterbuch der Staatswissenschaften, Bd. V. S. 99.

[2] Aber durch welche „Verknüpfung" wird denn der Papiergulden über seinen inneren Papierwert emporhalten?

[3] Währungsfrage in Österreich-Ungarn. S. 23.

[4] Dass ein unterwertiges Geld — die Thaler — von einem vollwertigen — dem deutschen Goldgeld — „durchgeschleppt" werden kann, ist erklärlich. Dass aber der unterwertige österreichische Silbergulden von dem noch viel unterwertigeren Papiergulden durchgeschleppt werden soll, das heisst, dass ein Einbeiniger sich von einem Beinlosen spazieren tragen lässt.

[5] Die neue Währungs- und Münzgesetzgebung etc. cit. S. 629.

rungsgeldes, der Note.[1] — Also bei allen Dreien die Ansicht, dass nur durch seine glückliche Verbindung mit dem Papiergulden der Silbergulden über seinen Silberwert emporgehalten wird. Als ob Papiergeld unbedingt nötig wäre, um ein derartiges Phänomen zu erklären! Hatte man doch an dem holländischen Silbergelde, welches, nachdem seine Prägung 1873 gesperrt worden, sich gleichfalls nicht unbedeutend über seinen Stoffwert erhoben hatte, genau dasselbe Phänomen als Analogon, und zwar ohne dass Papier in Frage stand![2]

Ein Wunder liegt hier überhaupt nicht vor, am wenigsten ein solches, zu dessen Erklärung man der Metaphysik des Papiergeldes benötigte. Es ging alles mit den natürlichsten Dingen zu. Der österreichische Staat hatte mit der Aufhebung der freien Silberprägung das Monopol der Silberguldenfabrikation ebenso in seine Hand genommen, wie er das Monopol der Banknotenfabrikation von jeher in der Hand gehabt hatte. Jetzt konnte er durch eine der Nachfrage nicht entsprechende Fabrikation von gesetzlichen Zahlungsmitteln den Wert derselben in die Höhe treiben, und das that Österreich.[3] Das österreichische Geld geniesst nun, was beim Papiergeld ja immer der Fall war, und nun auch beim Silbergeld eintrat, einen viel höheren Wert als der Stoff, aus dem es gefertigt. Warum soll der Staat dem Papiergeld, zu dessen Einlösung er sich nicht verpflichtet, einen Wert über dessen fast nicht vorhandenen Stoffwert samt den Druckkosten verleihen können — einzig durch beschränkte Ausgabe, und nicht durch eben dasselbe Mittel der beschränkten Ausgabe den Wert eines Metallgeldes über dessen Stoffwert halten können? Die Silbergulden waren ja jetzt auf dieselben Existenzbedingungen gestellt, wie die

---

[1] Und der noch fiduziärere Wert der Note folgt der Wertbewegung wessen?

[2] Jetzt auch an Indien.

[3] Bamberger, Reichsgold S. 111. „Zwischen dem Prägungsmonopol und der Geldpapierwirtschaft besteht grundsätzlich kein Unterschied, beide legen es in die Hand des formgebenden Teiles, wie hoch er sich die gesetzliche Form bezahlen lassen will.“ ff.

Guldennoten: sie waren Noten aus Silber; wie der Staat die Notenpresse in der Hand hielt, so hielt er jetzt auch die Prägemaschine. Aber der alte Mysticismus des Papiergeldes traut eben dem Staate eher die Hexerei zu, aus einem Nichts ein Etwas zu schaffen, als die weit kleinere Fähigkeit, aus einem Etwas ein Etwas-Mehr zu machen.

Kurz und gut: Es ist nicht richtig, dass der Papiergulden in Österreich ein Aufgeld gegenüber dem Silbergulden geniesst. Er geniesst ein „Agio" gegen $^1/_{45}$ Pfund Silber, wenn ein Geld überhaupt ein Agio gegen eine Ware geniessen kann. Aber $^1/_{45}$ Pfund Silber ist eben noch nicht ein Silbergulden, sondern nur eine Ware, die der Staat allerdings, aber auch nur der Staat in einen Silbergulden verwandeln kann; und für diese Verwandlung kann er kraft seines Monopols einen hohen Preis erzielen. — In Österreich geniesst also nicht der Papiergulden gegen den Silbergulden, auch nicht der Papiergulden speziell gegen die Ware Silber ein Agio, sondern der Wert der gesetzlichen Zahlungsmittel, einerlei ob Papier- oder Silbergulden, hält sich weit über dem Stoffwert des ursprünglichen Währungsgeldes, der Wert des Guldens schlechthin über dem Wert von $^1/_{45}$ Pfund Silber.

Um nach dieser Abschweifung zu unsern österreichischen Thalern zurückzukehren:

Jetzt waren die Verhältnisse gegeben, von 1879 an, nach welchen man, bei allenfallsiger Einlösung des Thalers durch Österreich zu $1^1/_2$ Gulden, mehr bekommen konnte, als seinen Stoffwert, also mehr, als sich bei einer Demonetisation der österreichischen Thaler und ihrem Verkaufe als Material erzielen liess. Jetzt waren ja die Thaler auch in Österreich unterwertiges Geld. Der Überschuss ihres österreichischen Geldwertes über ihren Materialwert wurde allerdings nie so gross, dass er den Wertrückgang des Silbers seit 1871 aufgewogen hätte. $1\frac{1}{2}$ österreichische Gulden waren nun allerdings mehr wert, als $\frac{1}{30}$ Pfund Silber, aber nicht so viel wie $\frac{3}{1395}$ Pfund Gold, der Geldwert des Thalers in Deutschland; und diesen Wert erreichten $1\frac{1}{2}$ Gulden auch in der Folgezeit nicht.

Aus diesen Verhältnissen ergibt sich eine verschiedene Stellung des Fiskus des deutschen Reiches und der Privaten in Deutschland, welche österreichische Thaler besassen. Ein Privater wird seinen Thaler, welcher in Deutschland 3 Mark gilt, naturgemäs nicht nach Österreich tragen, wo er gesetzlich für $1\frac{1}{2}$ Gulden, d. i. z. B. bei einem Kurs des österreichischen Guldens von 1,70 Mark 2,55 Mark, Geltung hat. Für ihn ist also, so lange der Thaler in Deutschland zu 3 Mark gesetzliches Zahlungsmittel ist, Österreich nicht vorhanden.

Anders liegt es für den Fiskus. Für ihn gewinnt die Stellung Österreichs zu einer Einlösung seiner Thaler, zu $1\frac{1}{2}$ Gulden das Stück, Interesse, da eine solche Einlösung für ihn zwar immer noch verlustvoll, aber doch vorteilhafter ist, als ein Verkauf der Thaler als Material.

Jetzt wird die Frage erst praktisch, ob Österreich seine Thaler einlösen wird, wenn sie ihm von der deutschen Reichsregierung präsentiert werden. — Dass es dem deutschen Reiche gegenüber rechtlich nicht zu einer Einlösung verpflichtet war, habe ich bereits ausführlich auseinander gesetzt. Es hing also eine Einigung völlig von einem gütlichen Übereinkommen ab.

Hätte die deutsche Reichsregierung die österreichischen Thaler nicht auch ohne Unterhandlungen mit der österreichischen Regierung in den österreichischen Umlauf zu ihrem den Silberwert übersteigenden österreichischen Geldwert zurückleiten können? — Rechtlich ohne Zweifel. Einmal bestimmte Art. 87 der Statuten der Österreichisch-ungarischen Bank:

„Die Bank ist verpflichtet, gesetzliche Silbermünzen in Banknoten bei ihren Hauptkassen in Wien und Budapest auf Verlangen jeder Zeit einzulösen."

Danach konnte also die deutsche Reichsregierung ihre sämtlichen österreichischen Thaler nach Wien oder Budapest senden und sie an den Hauptkassen der österr.-ungarischen Bank präsentieren. Für das Stück mussten diese 1½ Gulden ö. W. in Noten zahlen. Denn die Thaler österr. Gepräges waren in Österreich „gesetzliche Silbermünzen“, und ihr österreichischer gesetzlicher Geldwert war 1½ Gulden.

Ferner stand der deutschen Reichsregierung so gut wie jedem Privaten in Österreich das Recht zu, in jedem österreichischen Gelde, also auch in österreichischen Thalern zu zahlen. Auf den ersten Blick sieht es also aus, als ob die deutsche Reichsregierung lediglich auf privatrechtlichem Wege, ohne jedes Abkommen mit der österreichischen Regierung, sich ihrer österreichischen Thaler auf dem verhältnismässig weniger verlustbringenden Wege einer Zurückführung in den österreichischen Umlauf hätte entledigen können.

Prüfen wir die praktische Ausführbarkeit dieses Gedankens! — Auf alle Fälle mussten die österreichischen Thaler vorher in Deutschland in aller Form ausser Kurs gesetzt werden; auch dann, wenn es durch allmähliches Zurückbehalten der an öffentlichen Kassen eingehenden Stücke gelungen wäre, den ganzen Bestand in die Hände der Reichsregierung zu bringen. Im deutschen Reich galt eben bis zu seiner Ausserkurssetzung der österreichische Thaler 3 Mark, in Österreich nur 1½ Gulden, und solange 1½ Gulden weniger waren als 3 Mark, und dem österreichischen Thaler in Deutschland seine Geldeigenschaft nicht entzogen war, mussten alle in den österreichischen Umlauf gebrachten Thaler sofort nach Deutschland zurückströmen. Die Massregeln der deutschen Reichsregierung hätten also sein müssen: Ausserkurssetzung der österreichischen Thaler, mit kurzbemessener, eventuell 14-tägiger Einlösungsfrist; diese Ausserkurssetzung war nur auf dem Wege der Gesetzgebung möglich. Dann etwa ein strenges Verbot, österreichische Thaler im deutschen Reich wieder in Umlauf zu bringen. Hierauf Verwendung der österreichischen Thaler zu Zahlungen in Österreich.

Dabei kam es aber ganz auf die Stellungnahme der österreichischen Regierung an. Dieser wäre es jedenfalls sehr unerwünscht gewesen, ungefähr 40 Millionen Gulden jetzt auch in Österreich unterwertigen Geldes in den österreichischen Umlauf zurückströmen zu sehen, besonders von dem Augenblick an, wo sie sich mit ernsthaften Gedanken an einen Übergang zur Goldwährung trug.[1] Denn diese immerhin nicht geringe Summe unterwertiger Thaler hätte die bei einem Währungswechsel zu liquidierende schwebende Schuld Österreichs nicht unbeträchtlich erhöht und so das ganze Valutaregulierungswerk erschwert.

Standen der österreichischen Regierung nun Mittel zu Gebote, die deutschen Operationen zu durchkreuzen? — Ein sehr einfaches! Sie brauchte nur sofort nach der Ausserkurssetzung der österreichischen Thaler in Deutschland die Ausserkurssetzung derselben auch für Österreich auszusprechen, und zwar ohne Einlösung. Dazu war sie unzweifelhaft vollkommen berechtigt.[2] Vor allem stand Deutschland kein Einspruchsrecht zu. Sie konnte Deutschland gegenüber ebensogut ihre österreichischen Thaler ausser Kurs setzen, wie Deutschland ohne Einlösung die deutschen Thaler, ohne dass Österreich dagegen hätte Einspruch erheben können. Für Deutschland wären im normalen Falle allerdings die Rücksichten auf seine Staatsangehörigen hinzugekommen, in Rücksicht auf welche es auch die österreichischen Thaler nicht ohne Einlösung ausser Kurs setzen konnte. Für Österreich wäre in diesem speziellen Falle eine Rücksicht auf seine Unterthanen nicht ins Gewicht gefallen. Es gab ja in Österreich so gut wie gar keine österreichi-

---

[1] Siehe die Ausführung von Dr. Julius Landesberger in Dorns „Volkswirtschaftlicher Wochenschrift" v. 19. November 1891.

[2] „Vielmehr beruht heute die gesetzliche Zahlkraft dieser Münzen in Österreich auf österreichischen Gesetzen ... — nicht aber auf internationalen Verpflichtungsakten. Jene einseitigen Bestimmungen kann aber die heimische Staatsgewalt auch einseitig ausser Kraft setzen, ohne völkerrechtliche Rechenschaft über den Modus der Ausserkurssetzung leisten zu müssen." Landesberger, a. a. O., S. 411.

schen Thaler mehr, durch deren Nichteinlösung wäre also kaum ein Österreicher geschädigt worden.[1]

Die einfache privatrechtliche Zurückleitung der österreichischen Thaler in den österreichischen Umlauf war also ein Weg, den die deutsche Reichsregierung zum mindesten nicht gegen den Willen der österreichischen Regierung beschreiten konnte. Die österreichische Regierung andrerseits hatte ein grosses Interesse daran, dass dieser Weg nicht beschritten wurde. Die ganze Situation wies also mehr denn je zuvor auf eine endgiltige Regelung der österreichischen Thaler-Frage im Wege beiderseitiger Verständigung hin.

---

[1] „Was ihre eigenen Angehörigen betrifft, könnte die Monarchie eine Einlösung völlig unterlassen, denn es befindet sich hierzulande wohl kein einziger Vereinsthaler im Umlaufe." – Landesberger a. a. O., S. 410.

VI. ABSCHNITT.

DIE LIQUIDATION.

I. DIE DEUTSCHE GESETZVORLAGE BETREFFEND DIE VEREINSTHALER ÖSTERREICHISCHEN GEPRÄGES, VOM 4. NOVEMBER 1891.

Im Jahre 1891 nahm die österreichisch-ungarsiche Regierung mit etwas mehr Eifer als bisher Erwägungen behufs Regulierung der Valuta in die Hand. Es war von Anfang an kaum zweifelhaft, dass es sich bei den Massnahmen der österreichisch-ungarischen Regierung um Vorbereitungen für den Übergang zur Goldwährung handelte. Es war ferner zu erwarten, dass bei einer Neuordnung des österreichischen Münzsystems die Ausserkurssetzung der österreichischen Thaler in Österreich erfolgen würde.

Solche Erwägungen veranlassten die deutsche Reichsregierung, den ersten Schritt zur definitiven Lösung der österreichischen Thaler-Frage zu thun.

Ende des Jahres 1891 war der thatsächliche Stand folgender:

Von den ursprünglich geprägten Stücken im Betrag von 31.115 849 Thaler = 93.347 547 Mark (ohne die 1868 nachträglich geprägten 168.304 Einthalerstücke = 504.912 Mark) berechnete man als noch vorhanden, so gut wie ausschliesslich im deutschen Umlauf, ungefähr 78 Millionen Mark. Von dieser Summe waren nach Soetbeer[1] nahezu

[1] Literatur-Nachweis, Nachweis, Nachtrag S. 306.

70 Millionen Mark in der deutschen Reichsbank angesammelt. Genau wissen wir den Bestand der Reichsbank an österreichischen Thalern am 10. Mai 1892 durch die „Tabellen zur Währungsstatistik" des k. k. Finanzministeriums. Er belief sich an diesem Tage auf 61.480000 Mark. Am 1. April 1892 hatte Österreich schon 8.666667 Mark in österreichischen Thalern gemäss des später zu besprechenden Abkommens übernommen.

Am 7. November 1891 legte nun der Reichskanzler dem Reichstage einen Gesetzentwurf vor „betreffend die Vereinsthaler österreichischen Gepräges". Dieser Gesetzentwurf zog aus den vorhandenen Verhältnissen die letzte Konsequenz, vor welcher sich die Reichsregierung bisher gescheut hatte. Dass man die sich an den österreichischen Thalern ergebenden Verluste auf den einzelnen Inhabern sitzen lassen könne, dieses Gedankens wurde mit keinem Worte mehr erwähnt; vielleicht schon deshalb nicht, weil fast der ganze noch vorhandene Bestand von österreichischen Thalern in der Reichsbank angesammelt war. Die dem Gesetzentwurf beigegebenen Motive betonten ausdrücklich, es sei davon auszugehen, „dass es nicht in Frage kommen kann, diesseits die Thaler ohne gleichzeitige Einlösung zu ihrem Nennwert (1 Thaler = 3 Mark) ausser Kurs zu setzen, und hierdurch den gutgläubigen deutschen Inhabern einer bisher als gesetzliches Zahlungsmittel anerkannten Münze einen erheblichen Verlust beizufügen". Auch bei den Reichstagsverhandlungen über die Vorlage schien der Standpunkt von 1874 völlig abgethan. Weder seitens der Regierung noch seitens des Hauses kam man auf ihn zurück.

Der Gesetzentwurf selbst lautete:

„§ 1. Der Bundesrat wird ermächtigt, die Ausserkurssetzung der in Österreich bis zum Schluss des Jahres 1867 geprägten Vereinsthaler und Vereinsdoppelthaler unter Einlösung derselben auf Rechnung des Reiches zu dem Wertverhältnisse von 3 Mark gleich 1 Thaler anzuordnen, und die hiefür erforderlichen Vorschriften festzustellen".

§ 2 überweist die hierzu erforderlichen Mittel.

Das Gesetz erteilte also dem Bundesrat nur dieselbe Befugnis, welche ihm bezüglich der Thaler deutschen Gepräges schon zustand, auch bezüglich der Thaler österreichischen Gepräges, soweit sie bis zum Schlusse des Jahres 1867 ausgemünzt sind. Dadurch wurden also diese österreichischen Thaler völlig den Thalern deutschen Gepräges gleichgestellt. Ein rechtlicher Unterschied war nach der Annahme dieses Gesetzentwurfes zwischen beiden Münzsorten nicht mehr vorhanden. Nur in dem einen kleinen Nebenumstande unterschieden sie sich noch, dass für die Thaler deutschen Gepräges durch Artikel 8 des Münzgesetzes vom 9. Juli 1873 eine Einlösungsfrist von mindestens vier Wochen, welche mindestens drei Monate vor ihrem Ablauf bekannt zu machen ist, bestimmt, während bezüglich der österreichischen Thaler die Bekanntgabe- und Einlösungsfrist dem Befinden des Bundesrates überlassen bleibt. Die Motive begründeten das damit, dass die besonderen Verhältnisse der österreichischen Thaler ein beschleunigtes Verfahren allenfalls erfordern könnten.

Über die Art und Möglichkeit der Verwendung der eingezogenen österreichischen Thaler sprechen sich die Motive folgendermassen aus:

„Abgesehen von der Eventualität der Verwendung eines Teilbetrages zur Herstellung von Reichssilbermünzen, liesse sich diese Verwertung auf einem doppelten Wege bewirken; einerseits durch Einschmelzung der Münzen und durch Veräusserung derselben als Barrensilber, andererseits durch ihre Zurückführung nach Österreich-Ungarn, woselbst die Thaler bzw. Doppelthaler gemäss Art. 8 des Wiener Münzvertrages vom 24. Januar 1857 zum Werte von 1½ bzw. 3 fl. österr. Währung gesetzliches Zahlungsmittel sind.

Welcher dieser Wege demnächst zu beschreiten sein wird, hängt von der weiteren Entwickelung der Verhältnisse ab und kann im Voraus nicht bestimmt werden. Zur Zeit würde die Abschiebung der Münzen in ihre Heimat gegenüber der Veräusserung als Barrensilber nicht unerhebliche Vorteile bieten, welche in dem gegenwärtig den Silberwert übersteigenden Stande der österreichischen Valuta und in dem Wegfall des bei Einschmelzungen sich ergebenden, erfahrungsgemäss auf 3,1‰ zu schätzenden Verlustes in folge von Abnutzung der Münzen beruhen. Naturgemäss wäre ein derartiger Verwertungsmodus ausgeschlossen, falls die Thaler in Österreich selbst ausser Kurs gesetzt würden, bevor die Ausserkurssetzung in Deutschland hätte erfolgen können."

Die Möglichkeit einer solchen — im unangenehmen Sinne des Wortes — zuvorkommenden Ausserkurssetzung der Thaler in der österreichisch-ungarischen Monarchie wurde also auch von Seiten der Reichsregierung ins Auge gefasst; der deutschen Reichsregierung war es also auch völlig klar, dass Österreich zu einer solchen Ausserkurssetzung unbedingt das Recht hatte, und dass sie dieser Möglichkeit mit gebundenen Händen wehrlos gegenüberstand.

Die österreichisch-ungarische Regierung hätte uns also ruhig auf ihren Thalern sitzen lassen können, und Deutschland wäre nichts übrig geblieben, als sich darein zu finden, oder „der Appell an die letzte Instanz, an die der Kanonen" wie Bamberger[1] schreibt; also Entscheidung der Frage durch die nackte Gewalt. Aber obwohl in Geldsachen die Gemütlichkeit aufhört, lässt man doch nicht wegen einiger Millionen ohne weiteres gegen seinen besten Bundesgenossen Batterien auffahren!

Andererseits konnte Österreich gewissermassen aus politischen Anstandrücksichten sich gegenüber seinen Thalern nicht völlig ablehnend verhalten. Diese Thaler trugen das Bild des österreichischen Kaisers und den österreichischen Doppeladler. Dies beweist allerdings nur, dass sie Münzen österreichischen Ursprungs waren. Daneben waren sie aber zweifellos auch österreichisches Geld; allerdings auch deutsches Geld und ganz im deutschen Umlauf. Es erhob sich also die Frage: Kann Österreich eine seiner Geldsorten ohne Einlösung ausser Kurs setzen? — Einen solchen Schritt wollte Österreich, um sein Ansehen zu wahren, nicht thun. Österreich hatte also nur das Interesse, dass

[1] Silber, I. Teil, in der „Nation" 1892, Nr. 29 — auch in Sonderabdruck erschienen.

sein guter Ruf nicht geschädigt werde durch Verkündung der Thatsache, dass es eine seiner Geldsorten ohne Einlösung verrufe.[1] Diese Sorge machte Österreich geneigt, ein Opfer zu bringen, wobei es zugleich die Stimmung seines Bundesgenossen schonte — also nicht ein Rechtsgrund gegenüber dem deutschen Reich, sondern nur das Interesse, vor der Welt sauber zu erscheinen.

Schliesslich hatte Österreich noch von den Zeiten des deutschen Münzvereins her ein schlechtes Gewissen, mit welchem belastet es sich nicht so ganz auf seinem Schein zu bestehen getraute. Es hatte, allerdings unter dem Drucke der politischen Verhältnisse, trotz gegenteiliger Abmachungen den Zwangskurs für sein Papiergeld beibehalten, und die mitvertragenden Staaten waren rücksichtsvoll genug gewesen, ihm diesen Vertragsbruch nachzusehen.[2]

Das waren aber immerhin noch keine Gründe, welche Österreich bestimmen konnten, den ganzen Betrag seiner Thaler zurückzunehmen, die seit vielen Jahren aus seiner Zirkulation verschwunden waren, deren Existenz und Umlauf also dem Interesse Österreichs in nichts gedient hatte. Zudem waren sie seiner Zeit vollwertig ausgeprägt worden, die deutschen Staaten hatten an dem vor der Münzreform erfolgten Einströmen der österreichischen Thaler keinen Schaden erlitten, höchstens einen nicht erheblichen Münzgewinn nicht gemacht — wenigstens ist das meine Ansicht, und ich habe sie oben ausführlich entwickelt. — An dem nach der Münzreform erfolgten Einströmen der österreichischen Thaler nach Deutschland, welches uns schädigte, weil damals die Thaler schon unterwertig waren, trug nicht der Zwangskurs in Österreich die Schuld, sondern der durch die deutschen Massnahmen herbeigeführte Überwert des

[1] A. Ostersetzer, Zur Geschichte der österreichischen Vereinsthaler, Dorns „Volkswirtschaftl. Wochenschrift" v. 19. Nov. 1891, S. 409. „Geschehen muss, was Rechtens und unseres Staates würdig ist."

[2] Die Frage ob durch diesen Zwangskurs die deutsche Zirkulation mit österr. Thalern überfüllt worden sei, habe ich bereits oben erledigt.

Thalers über seinen Stoffwert im deutschen Reich, und die Versäumnis einer rechtzeitigen Aussperrung der noch draussen befindlichen Stücke. Also im ersten Falle überhaupt keine Schädigung Deutschlands, im zweiten Falle allerdings eine Schädigung, aber durch die Schuld der deutschen Gesetzgebung selbst.

Für Österreich lag mithin absolut kein Anlass vor, die Unterwertigkeit seiner Thaler ganz auf sich zu nehmen. Es war schon eine anerkennenswerte Konzession, wenn es sich herbeiliess, einen Teil derselben zu tragen.

II. DAS ABKOMMEN ZWISCHEN DEM DEUTSCHEN REICHE UND ÖSTERREICH.

Noch ehe die besprochene Gesetzvorlage im deutschen Reichstage zur Beratung gelangte, traten Österreich und das deutsche Reich über die endgiltige Liquidation der österreichischen Thaler mit einander in Unterhandlungen. Es kam ein Vergleich zustande, „den nach Herkommen wohl beide Teile schlecht finden, aber doch besser als einen guten Prozess.“ (Bamberger).[1] Der Text des Abkommens ist bis heute nicht veröffentlicht worden, jedoch ist sein Inhalt durch offizielle Mitteilungen hinreichend bekannt.

Österreich fand sich bereit, von den in Deutschland befindlichen österreichischen Thalern 8²/₃ Millionen Stück, gleich 26 Millionen Mark, den Thaler zu 1¹/₂ Gulden ö. W., die Gesamtsumme also zu 13 Millionen Gulden, zu übernehmen. Man veranschlagte damals den noch vorhandenen Gesamtbestand der österreichischen Thaler auf 78 Millionen Mark. Österreich übernahm also davon ein Drittel.

Natürlich war Österreich verpflichtet, diese Thaler zu demonetisieren oder einzusperren; denn sobald sie wieder ausgegeben wurden, mussten sie nach Deutschland zurückströmen. Die Überführung des österreichischen Anteils

[1] Silber. I. Teil.

sollte ratenweise geschehen und wurde auf eine längere Periode verteilt.[1]

Beide Teile nahmen die Ausserkurssetzung der österreichischen Thaler in Aussicht. In Österreich erfolgte dieselbe durch Verordnung des Finanzministers vom 12. April 1893 am 1. Juni 1893. Von diesem letzteren Tage an bis zum 30. Juni löste die österreichische Regierung Vereinsthaler und Doppelthaler ihres Gepräges zu 1½ bezw. 3 Gulden ein. Natürlich waren die Bestände der deutschen Reichsbank und der deutschen Reichskassen von dieser Einlösung ausgeschlossen, weil sonst das ganze Abkommen aus dem Frühjahr 1892 illusorisch gewesen wäre. Für die deutschen Privatleute aber wäre diese Einlösung unvorteilhaft gewesen. Sie war also nur wirksam für österreischische Thalerbesitzer.

Nach vorläufigen Ausweisen sind zur Einlösung gelangt:

15.319 Einthalerstücke, 1.590 Doppelthalerstücke.[2]

Die Summe ist zwar recht unbedeutend, aber merkwürdig ist es doch, dass selbst dieser kleine Betrag in Österreich zur Einlösung gelangen konnte, nachdem mehr als zwei Jahrzehnte die gegen 20 Prozent höhere Bewertung der Thaler in Deutschland unausgesetzt auf Österreich eingewirkt hatte. Einen Augenblick vermutete ich, es seien das in der Hauptsache vielleicht Thaler aus dem Jahre 1868. Für die 1.590 Doppelthalerstücke trifft das gewiss nicht zu, weil 1868 nur Einthalerstücke geprägt worden sind.

---

[1] Staatssekretär des Reichsschatzamtes Frhrr. v. Maltzahn im deutschen Reichstag am 12. Febr. 1892. Sten. Ber., S. 4131 u. 4132. Band VI:

„Nach den vorläufigen Verständigungen, welche mit der k. k. österreichisch-ungarischen Regierung stattgefunden haben, besteht die Absicht, diese Ausserkurssetzung frühestens dann vorzunehmen, wenn die österreichisch-ungarische Regierung den von ihr zu übernehmenden Teil der Thaler übernommen hat, und diese Übernahme ist auf eine längere Periode verteilt."

[2] „Tabellen zur Währungsstatistik" des k. k. Finanzministeriums. 1893, S. 189. Nr. 13 der Aktenstücke der Silberkommission zu Berlin 1894.

Im deutschen Reich ist die Ausserkurssetzung bis jetzt noch nicht erfolgt, und damit haben wir die Eingangs erwähnte Merkwürdigkeit: Ein Geldstück, das von seinem Heimatland verstossen, von einem fremden Staate adoptiert ist.

Das Abkommen setzte Deutschland keinen Endtermin für die Ausserkurssetzung[1]; es verpflichtete die Reichsregierung nur, die Ausserkurssetzung nicht eher vorzunehmen, als bis Österreich seinen Anteil an den Thalern vollständig übernommen.[2] Die Befugnis zur Ausserkurssetzung steht durch das Gesetz vom 28. Februar 1892, den unverändert angenommenen Entwurf vom 7. November 1891, dem Bundesrat zu.

Von den 1868 geprägten österreichischen Vereinsthalern scheint auch das Abkommen vom Frühjahr 1892 nicht zu handeln.[3] Jedenfalls hat das deutsche Reich in diesem Abkommen diese nachgeborenen Thaler nicht anerkannt und deren Einlösung nicht übernommen. Denn auch das Gesetz vom 28. Februar 1892, welches nach dem Abkommen mit Österreich beraten und erlassen wurde, berechtigt den Bundesrat nur zur Ausserkurssetzung und Einlösung der „bis zum Schlusse des Jahres 1867 in Österreich geprägten Vereinsthaler und Vereins-Doppelthaler." — Andrerseits heisst es in den „Tabellen zur Währungsstatistik" 1893, verfasst im k. k.

[1] Nach einer Erklärung des Staatssekretärs des Reichsschatzamtes Graf v. Posadowsky in der Sitzung des Reichstags vom 6. April 1894.

[2] „Tabellen zur Währungsstatistik" des k. k. Finanzministeriums. 1893. S. 200. Im Widerspruch damit schreibt E. Sehling, die Gesetzgebung des deutschen Reiches auf dem Gebiete des bürgerlichen und sozialen Rechts, Leipzig 1894; S. 85. Anm. 2.

„Die Ausserkurssetzung der österreichischen Vereinsthaler hat bis zum 1. April 1894 zu erfolgen." — Nach welcher Abmachung oder Bestimmung ist nicht gesagt. Offenbar liegt ein Missverständnis vor, hervorgerufen dadurch, dass am 1. April 1894 die letzte Thalerabschiebung an Österreich zu erfolgen hatte. — Übrigens ist der zitierte Satz bereits durch die Thatsachen widerlegt, da der 1. April 1894 vorüberging, ohne eine Ausserkurssetzung der österreichischen Thaler zu bringen.

[3] Dass auch die in der Silberkommission vorgelegten Akten nicht von ihnen sprechen, habe ich oben bereits erwähnt.

Finanzministerium, deren Inhalt man amtlichen Charakter beilegen darf, auf Seite 200 unter „Deutschland“:

„Nach diesem Abkommen wird sich der Vorrat Deutschlands an diesen Thalern um den Betrag von $8^2/_3$ Millionen Thaler verringern. Es werden von den im Gesamtbetrage von 31.284157 [1] ausgeprägten Thalern nur 22.950824 $^1/_3$ Thaler = 68.852473 [2] Mark in Deutschland zur Einlösung gelangen können“.

Hier ist also unzweideutig angenommen, dass das deutsche Reich die Einlösung aller österreichischen Thaler, auch der 1868 geprägten, übernommen habe. Worauf sich diese Annahme gründet ist mir unbekannt. — Jedenfalls sind in Österreich seit dem 1. Juni 1893 alle österreichischen Thaler ausser Kurs gesetzt, in Deutschland haben stets nur die bis zum Schlusse des Jahres 1867 geprägten österreichischen Vereinsthaler gesetzlichen Kurs gehabt. Gegenwärtig schweben also die 168304 im Jahre 1868 geprägten Stücke völlig in der Luft. Es wäre interessant zu erfahren, ob sich in den Beständen der deutschen Reichsbank, wo ja weitaus der grösste Teil aller noch vorhandenen österreichischen Thaler sich seit Jahren befindet, sich zur Zeit des 1. Juni 1893 auch im Jahre 1868 geprägte Stücke befanden, ob diese während der Einlösungsfrist vom 1. Juni bis 30. Juni 1893 Österreich präsentiert wurden, oder was gegenteiligen Falles dem entgegengestanden.

Die relative Vorteilhaftigkeit des ganzen Abkommens für das deutsche Reich musste natürlich ganz von den Kursen der österreichischen Gulden bei jeder einzelnen Ab-

---

[1] Bis zum Schlusse des Jahres 1867 waren nur 31115849 Thaler ausgeprägt. 1868 kamen noch 168304 Stück dazu. Die Summe beider Zahlen ist 31284153. Die Zahl 31284157 scheint also einen Druckfehler zu enthalten.

[2] Auch diese Zahlen sind etwas in Unordnung. 31 284 157 — $8^2/_3$ Millionen giebt 22617491 $^1/_3$, nicht 22950824 $^1/_3$ Millionen. Dem entsprechend ändert sich auch der dort berechnete Betrag in Mark. Überhaupt haben diese Zahlen keinen grossen Wert, da sie nicht die Abgänge durch Einschmelzen und Verluste in Betracht ziehen.

schiebung und von den gleichzeitigen Silberpreisen auf dem Weltmarkte abhängen. Bei einem Kurs des österreichischen Guldens von 1,70 M. und einem gleichzeitigen Londoner Silberpreis von 30 d. würden wir von Österreich für die 8²/₃ Millionen Thaler 22.100 000 Mark erhalten, also einen rechnungsmässigen Verlust von 3.900 000 Mark erlitten haben; dagegen hätte uns der Verkauf der 8²/₃ Millionen Thaler als Barrensilber, unter Abrechung des Einschmelzungsverlustes von 3,1 ⁰/₀₀ — nur 12.781.490 Mark gebracht; es wäre das also ein Mehrverlust von 9.328.633 Mark.

Mit welchem finanziellen Erfolge die Operationen erfolgt sind, darüber liegt uns ein Bericht noch nicht vor.[1]

In Deutschland scheint eine nahe Ausserkurssetzung der österreichischen Thaler auch heute noch nicht zu erwarten sein. Es scheint, dass man die Vorräte allmählich durch Verwendung als Material für gelegentliche Reichssilbermünzprägungen aufzehren will; so soll wenigstens jetzt für die beschlossene Neuprägung von 22 Millionen Mark Silberscheidemünzen das Material aus österreichischen Thalern geliefert werden, wie der Staatssekretär des Reichsschatzamtes in der Reichstagsitzung vom 6. April 1894 erklärte. Zur Prägung dieser 22 Millionen Mark Reichssilbermünzen würden 20 Millionen Mark in Thalern verbraucht werden, da die Reichssilbermünzen 10 Prozent leichter als die Thaler geschlagen werden. Der uns nach der Abschiebung von 26 Millionen Mark an Thalern nach Österreich noch verbliebene Rest von etwa 52 Millionen Mark[2] wird also durch

---

[1] Aus den Akten der Silberkommission erfahren wir nur, dass Österreich seinen Betrag an österreichischen Thalern in 3 Raten zu je 8666667 Mark Anfangs April 1892, 1893 und 1894 übernommen hat.

[2] In der Reichsbank lagen Ende April 1894 47 165 000 Mark in österreichischen Thalern. „Da die Stücke seit Jahren von der Reichsbank sorgfältig angesammelt worden sind und das wiederholt auftauchende Gerücht, die Ausserkurssetzung der österr. Thaler stehe unmittelbar bevor, geeignet war, diese Ansammlung wirksamer zu unterstützen, ist kaum anzunehmen, dass mehr als 4 bis 5 Millionen Mark sich noch in Zirkulation befinden.“ (Akten der Silberkommission, Nr. 13.) Danach wären also dem deutschen Reiche 51 bis 52 Millionen Mark in österr. Thalern geblieben.

diese neubeschlossene Scheidemünzprägung bis auf etwa 32 Millionen Mark vermindert werden. — Im Verkehr ist ohnedies nur noch ganz selten ein österreichischer Thaler anzutreffen, da weitaus der grösste Teil der noch vorhandenen in der Reichsbank angesammelt ist, welche schon seit langer Zeit Anweisung hat, die bei ihr eingehenden Stücke festzuhalten.[1] Mit ihrer förmlichen Ausserkurssetzung und damit der Beseitigung eines Zustandes, welchen schon die Motive des Gesetzentwurfes vom 7. November 1891 als „münzpolitisch nicht wohl angängig" bezeichnen,[2] hat es trotzdem vielleicht noch gute Weile.

---

[1] Sitzung des Reichstags vom 10. Februar 1892, Sten. Ber. Band VI. S. 4089–90. Dr. Bachem als Berichterstatter der Kommission:

„Schon seit Jahren ist die Reichsbank angewiesen worden, diese Thaler, wenn sie einliefen, festzuhalten und in den Kellern der Bank zu thesaurieren."

[2] „Eine Münze fremden Gepräges, welche innerhalb ihres Heimatlandes keine Giltigkeit mehr besitzt, nichtsdestoweniger in Deutschland als gesetzliches Zahlungsmittel zu behalten, könnte münzpolitisch nicht wohl für angängig erachtet werden."

SCHLUSS.

VERGLEICHUNG MIT DER LIQUIDATIONSFRAGE DES LATEINISCHEN MÜNZBUNDES.

Wie bereits eingangs erwähnt: nicht weil den hier besprochenen Fragen irgend welche grössere praktische Bedeutung zukäme — es handelt sich ja nur um vergleichsweise geringfügige Summen —, habe ich die vorstehende Untersuchung unternommen, sondern nur deshalb, weil diese Fragen eine reiche Quelle theoretischer Erkenntnisse für die Natur unseres modernen Geldwesens, und besonders für die Natur der Münzvereine sind, in erster Linie, weil es sich hier klar und deutlich zeigt, dass das Gepräge einer Münze für deren Geldcharakter ohne alle Bedeutung ist, dass für diesen lediglich rechtliche und vor allem thatsächliche Verhältnisse in Frage kommen. Wir haben gesehen: Unbestreitbar sind die österreichischen Thaler österreichische Münzen; rechtlich sind sie trotzdem deutsches, daneben auch österreichisches Geld, nach den thatsächlichen Verhältnissen waren sie, mindestens von 1872 an, nur deutsches Geld.[1] Österreich hatte demnach weder eine rechtliche noch eine moralische noch sonst eine Verpflichtung, den an den öster-

[1] Landesberger in Dorns „Volksw. Wochenschrift“ v. 19. Nov. 1891, S. 411:

„Faktische Geldqualität haben dann auch die Vereinsthaler während ihres ganzen Umlaufes bloss im Reiche genossen.“

reichischen Thalern entstandenen Verlust mitzutragen. Wenn es dennoch durch das Abkommen von 1892 einen Teil desselben auf sich nahm, so geschah dies — wie schon oben gezeigt — nur als ein Opfer an das in dem Vorurteil des Gepräges befangene allgemeine Rechtsbewusstsein, welches — wie Landesberger sehr richtig sagt — „wegen der Kürze der Zeit noch nicht Gelegenheit gefunden hat, sich mit den höchst eigentümlichen Rechtsfragen der hinkenden Währung vertraut zu machen".[1]

Sehr oft wird die Frage der Liquidation des lateinischen Münzbundes mit den hier besprochenen Verhältnissen in Parallele gestellt. Mit einer gewissen Berechtigung, obwohl zwischen beiden Fragen auch sehr grosse Verschiedenheiten bestehen. Jedenfalls ist eine Vergleichung beider sehr geeignet, die gewonnenen Erkenntnisse in hohem Grade zu bestärken.

Die Liquidationsfrage des lateinischen Münzbundes ist praktisch sehr viel wichtiger, als die Frage der österreichischen Thaler. Es handelt sich hier um einige Hundert Millionen Franken, und hauptsächlich für das kleine Belgien, für welches Hundert Millionen fast so viel bedeuten, wie für Deutschland eine Milliarde. Diese Liquidationsfrage hat daher die öffentliche Aufmerksamkeit in weit höherem

---

[1] Landesberger, a. a. O., S. 411. — Der Ausdruck „Rechtsfragen der hinkenden Währung" scheint mir nicht sehr glücklich gewählt. Das charakteristische liegt bei dieser und analogen Fragen in dem Zusammentreffen dreier Umstände: erstens in dem Bestehen oder Bestanden-haben von Münzbünden mit gemeinschaftlichen Umlaufsmitteln, und gerade dieses Moment ist in dem Ausdruck „Rechtsfragen der hinkenden Währung" nicht enthalten; zweitens in der Vornahme eines Währungswechsels, ehe die Gemeinschaftlichkeit des Umlaufsmittels gelöst ist; drittens in dem durch diesen Währungswechsel zwar nicht notwendiger Weise verursachten, aber doch bedingten Unterwertigwerden des gemeinsamen bisher vollwertigen Umlaufsmittels. Gerade die völkerrechtliche Verteilung des dadurch entstehenden Verlustes ist der springende Punkt sowohl bei der österreichischen Thalerfrage, als auch bei der Liquidation des lateinischen Münzbundes.

Grade beschäftigt, als unsere deutschen Münzvereinsfragen. In Deutschland hat Bamberger ein ausgezeichnetes Buch über „Die Schicksale des lateinischen Münzbundes" geschrieben, in welchem der Standpunkt des Gepräges fast ganz verlassen ist. Die letzten Konsequenzen hat aber selbst Bamberger nicht gezogen. Eine kurzumrissene Klarlegung der Frage in Parallele zu der oben ausführlich behandelten dürfte daher nicht nutzlos sein.

Im Dezember 1865 ward der lateinische Münzbund gegründet. Er umfasste Frankreich, Italien, Belgien und die Schweiz. 1868 trat Griechenland bei. Letzteres kommt für uns nicht in Betracht.

Während der deutsche Münzverein drei verschiedene Landeswährungen bestehen liess und über diesen ein gemeinschaftliches Umlaufsmittel an den Vereinsthalern hatte, schuf der lateinische Münzbund eine völlige Münzeinheit, sodass in allen beteiligten Staaten dieselben Münzstücke nach denselben technischen Vorschriften geprägt wurden. Gesetzliche Zahlungskraft im strengsten Sinne genossen in jedem Lande allerdings nur die eigenen Landesmünzen, diejenigen der mitvertragenden Staaten jedoch Kassenkurs, was einen thatsächlich völlig gemeinschaftlichen Umlauf herbeiführte. Ein charakteristischer und weit gehender Unterschied: während der deutsche Münzverein nur Kurantmünzen als gemeinsames Umlaufsmittel kannte, liessen die Staaten des lateinischen Münzbundes auch die Scheidemünzen der mitvertragenden Staaten zu.[1] Jeder Staat durfte indes nur

---

[1] Vor dem Vertrag existierten in den betreffenden Ländern keine unterwertig ausgeprägten Silber-Scheidemünzen. Die Silberstücke waren alle vollwertig ausgeprägt, wie das Fünffrankenstück.

Als nun seit 1850 etwa auf dem Weltmarkt der Preis des Goldes gegen den Silberpreis fiel und unter die in der lateinischen Doppelwährung angenommene Relation herabsank, war die Folge, dass Gold massenhaft zu den Münzstätten gebracht wurde, Silber so gut wie gar nicht; vielmehr strömte das Silbergeld bedenklich ab. Es entstand Mangel an Frankenstücken, $^1/_2$- und 2 Frankenstücken, ohne welche sich der Verkehr nicht behelfen konnte. Dieser Zustand war der eigentliche

6 Frank auf den Kopf seiner Bevölkerung prägen, musste seine Scheidemünzen auf Verlangen von Privaten oder eines der mitvertragenden Staaten jederzeit in Beträgen von nicht unter hundert Franken in Kurantgeld umwechseln und diese Umwechselung auch noch eine bestimmte Zeit nach seinem eventuellen Ausscheiden aus dem Münzbunde bethätigen. Das war eine Liquidationsklausel, die schon im ursprünglichen Vertrage stand und welche in der Natur der Scheidemünzen bedingt war. An eine Liquidationsklausel für silberne Fünffrankenstücke dachte damals niemand, konnte damals überhaupt niemand denken. Eine solche konnte erst unter den Verhältnissen, wie wir sie später kennen lernen, in Frage kommen.

Der tiefgehendste Unterschied zwischen beiden Münzbünden war jedoch: Der lateinische Münzbund beruhte auf der Doppelwährung, Gold und Silber waren frei ausprägbar und in dem bekannten Tarifierungsverhältnis gesetzliches Zahlungsmittel; im deutschen Münzverein dagegen herrschte ein monometallisches System, die reine Silberwährung.

So viel über die Verschiedenheit der Basis, auf welcher beide Vereinigungen beruhten. Wir kommen nun zu ihrer beiderseitigen Entwickelung.

Wie der normale Gang der Dinge im deutschen Münzverein durch die Papierwährung in Österreich, so wurde er im lateinischen Münzbund durch den Zwangskurs und die Aufhebung der Baarzahlungen in Italien von 1866—1883, und in Frankreich von 1870—1878 unterbrochen. Die inneren Verschiebungen der Umlaufsmittel — dass z. B.

Anlass zur Gründung des lateinischen Münzbundes. Um sich das kleine Silbergeld zu erhalten, verabredeten sich die genannten Staaten, die Stücke von 2 Frank abwärts statt $^{900}/_{1000}$ fein nur $^{835}/_{1000}$ fein, aber im gleichen Schrot wie bisher auszuprägen. Ihre Zahlungskraft wurde gemeinschaftlich auf 50 Frank beschränkt. Die Fünffrankenstücke blieben vollwertig. Der lateinische Münzbund war also von den beteiligten Staaten geschlossen, um sich ihr Silbergeld zu erhalten; die Ironie des Schicksals will es, dass bei seiner Auflösung jeder Staat sich so gut als möglich seines Silbers zu entledigen sucht.

Deutschland fast alle österreichischen Thaler, Frankreich sehr viel italienisches und, aus andern Gründen, auch belgisches Geld — Gold- und Silbergeld — aufnahm, hatten jedoch solange nichts nachteiliges, als nicht eine Verschiebung der ursprünglichen Vertragsbasis, ein Währungswechsel eintrat. Ein solcher kam in beiden Münzvereinen. Zu unterscheiden ist jedoch, dass der deutsche Währungswechsel eintrat, als zwar nach den Landesgesetzen in Deutschland und Österreich die Gemeinschaftlichkeit des Umlaufs an Vereinsthalern noch fortbestand, vertragsmässige Abmachungen über das gemeinschaftliche Umlaufsmittel jedoch nicht mehr existierten; dass im lateinischen Münzbund der Währungswechsel jedoch während der Dauer des vertragsmässigen Verhältnisses selbst vollzogen wurde. Ferner: Während im ehemaligen deutschen Münzverein durch Deutschlands Übergang von der Silberwährung zur Goldwährung, also durch einen einseitigen Währungswechsel, das gesamte ursprünglich vollwertige Kurantgeld nur in einem Teile des Münzvereins, nämlich in Deutschland, unterwertig wurde, in dem andern dagegen, in Österreich in Folge der fortbestehenden Silberwährung, vollwertig blieb, ereignete es sich im lateinischen Münzbunde, dass durch den Übergang sämtlicher Beteiligten von der Doppelwährung zur thatsächlichen Goldwährung nur ein Teil des bisher vollwertigen Kurantgeldes, nämlich das Silberkurantgeld, unterwertig wurde, und zwar gleichmässig in allen beteiligten Staaten. — Beim deutschen Münzverein haben wir also einen Staat, der die Unterwertigkeit der gesamten, ursprünglich gemeinsamen Umlaufsmittel empfindet, beim lateinischen Münzbund ist es die Gesamtheit der Vertragsstaaten, welche unter der Unterwertigkeit nur eines Teiles der gemeinschaftlichen Umlaufsmittel leidet. — Verluste ergeben sich in beiden Fällen. Wie sind diese bei einer endgiltigen Regelung zu verteilen?

Juristisch ist in beiden Fällen eine Entscheidung unmöglich. Im Falle der österreichischen Thaler existierte kein völkerrechtlicher Vertrag mehr, auch alle subsidiären

Rechtsquellen versagten. Von irgend welchem Gewohnheitsrecht kann keine Rede sein, wo jeder Präcedenzfall fehlt. — Im Falle der lateinischen Münzunion existierten wohl noch die Verträge von 1865. Diese waren jedoch nur auf vollwertiges Kurantgeld zugeschnitten und bestimmten eine Liquidationspflicht nur für die Scheidemünzen.[1] Durch Einschränkung der freien Silberprägung am 31. Januar 1874, und vollends durch Sperrung der Silberprägung überhaupt am 5. November 1878 war aber der lateinische Münzbund de facto zu einer andern Währung übergegangen von der Doppelwährung zur hinkenden Goldwährung; und bei dieser grundsätzlichen Änderung der Vertragsbasis hatte man versäumt, die Rechtsverhältnisse der neu angenommenen hinkenden Goldwährung zu bestimmen. Trotz des Fortbestandes des lateinischen Münz-Vertrags-Verhältnisses zeigt sich hier also ein gleiches rechtliches Vakuum, wie bei der Frage der österreichischen Thaler.

Eine Entscheiduug nach dem Standpunkt des Gepräges ist naheliegend: Jeder Staat löst das sein Gepräge tragende unterwertige Geld ein.

Vorerst wäre eine solche Entscheidung über die österreichischen Thaler völlig undurchführbar gewesen, im Unterschied zu der Situation im lateinischen Münzbund. Hier hatte jeder der vertragenden Staaten nach dem gemeinsamen Übergang zur Goldwährung das vollwertige Goldgeld als einziges Hauptgeld, und daneben das unterwertig gewordene Silbergeld. Unterwertig war das Silbergeld in allen beteiligten Staaten gleichmässig; Gold ebenso in allen der gesetzliche Wertmesser. Durchführen liesse sich hier also der Grundsatz: Jeder Staat löst das unterwertig gewordene Silbergeld seines Gepräges gegen vollwertiges Goldgeld ein. Durchführen liesse

[1] Die Unmöglichkeit einer Liquidation vollwertiger Münzen habe ich gelegentlich der Besprechung des Vertrages vom 15. Juni 1867 ausführlich erörtert. S. 43–48.

sich das gewiss, einerlei ob es gerecht oder ungerecht wäre. — Wie liegt es aber mit den österreichischen Thalern? — Hier war das Silbergeld, so weit es früher gemeinschaftliches Umlaufsmittel gewesen, nur in Deutschland unterwertig geworden, in Österreich dagegen vollwertig geblieben. Eine Liquidation nach dem Gepräge verbot sich hier also von selbst. Denn mehr kann kein Staat thun, als Münzen, die sein Gepräge tragen, mit bei ihm geltendem vollwertigem Gelde nach ihrem bei ihm gesetzlichen Nennwert einlösen. Der gesetzliche Wert eines Thalers war aber — wie bekannt — in Österreich nur 1½ Gulden, und 1½ Gulden waren nicht mehr wert als der Stoffwert eines Thalers. Eine Einlösung der österreichischen Thaler von seiten Österreichs hätte also für Deutschland keinen Zweck gehabt. — Freilich erfuhren, wie oben gezeigt, diese Umstände eine Änderung dadurch, dass durch die Beschränkung der Silberprägung in Österreich im Jahre 1879 die Thaler auch in Österreich unterwertiges Geld[1] wurden, wenn auch nicht in dem Grade, wie sie es in Deutschland waren. Dadurch gewann für den Fiskus des deutschen Reichs eine Einlösung der österreichischen Thaler von seiten Österreichs einiges Interesse, die Lage wurde also derjenigen des lateinischen Münzbundes ähnlicher.

Wie oben nachgewiesen, hätte beim deutschen Münzverein eine nachträgliche Liquidation mit Verteilung des Verlustes nach dem Gepräge nicht der Billigkeit entsprochen. Die österreichischen Thaler waren zum weit-

[1] Unter „unterwertigem" Geld verstehe ich immer solches, dessen Geldwert höher ist als sein Stoffwert, also z. B. die Thaler, silberne Fünffrankenstücke und österreichische Gulden, ebenso alle Scheidemünzen. — Nun nennen die Österreicher ihren Gulden seit 1879 öfters „überwertig", eine Diktion, gegen die sich nichts einwenden lässt, indem sie von der Anschauung ausgeht, dass der Geldwert eines österr. Guldens höher ist als sein Silberwert. Dieses „überwertig" sagt also — trotz des scheinbaren Gegensatzes — dasselbe wie mein „unterwertig." Die Österreicher schauen eben vom Stoffwert zum Geldwert empor, ich vom Geldwert zum Stoffwert hinab.

aus grössten Teil als vollwertiges Geld nach Deutschland gekommen, hatten viele Jahre lang so gut wie ausschliesslich als deutsches Geld funktioniert, vom Standpunkte der reinen Billigkeit wäre also auch nichts gegen eine Übernahme des gesamten Verlustes seitens des deutschen Reiches einzuwenden gewesen. — Ähnlich liegt es beim lateinischen Münzbund. Wir haben hier einen thatsächlich durchaus gemeinschaftlichen Umlauf. Aus welcher Münzstätte derselbe mit vollwertigem Gelde gespeist wurde, war völlig gleichgiltig. Das beste Beispiel dafür ist die Schweiz[1], welche überhaupt fast kein Geld

[1] Die Schweiz hat überhaupt nur 8 Millionen Frs. silberne Fünffrankenstücke ausmünzen lassen. Belgien dagegen vor 1865 schon 145 Millionen Frs., während der Dauer der Union bis zur Beschränkung der Silberprägung über 300 Millionen Frs. in Fünffrankenthalern; nicht als ob die Schweiz nur so wenig und Belgien soviel Geld für den eigenen Umlauf benötigt hätte; Belgien prägte vielmehr für den gesamten Münzbund und die Schweiz liess vom gesamten Münzbund für sich prägen. Franzosen und Schweizer brachten Silber, das sie in London gekauft zur Brüsseler Münze, aus dem einfachen Grund, weil sie mit belgischen Stücken in ihrer Heimat ebenso gut zahlen konnten, wie mit heimischen. Während Frankreich jedoch wenigstens die Prägung für Private freiliess, also niemanden, der Barren besass und Münzen damit erwerben wollte, nötigte, in einem der mitvertragenden Staate ausmünzen zu lassen, hatte die Schweiz vor 1870 niemals die Prägung freigegeben, und auch späterhin nur für Gold. Sie zwang also ihre Angehörigen direkt, in einem der andern Münzbundstaaten für sich prägen zu lassen. Pirmez nannte dieses schweizerische Münzsystem in der belgischen Kammer einmal sehr treffend „Münzparasitismus.“ (Sitzung des belgischen Abgeordnetenhauses vom 11. August 1885.) — Während die Gesamtheit der umlaufenden Fünffrankenstücke der Schweiz ebenso gute Dienste geleistet hat, wie den andern Staaten des Münzbundes, verdankt die Schweiz dem bezeichneten Systeme, dass sie bei Auflösung des Bundes und Liquidation nach dem Gepräge an dem gemeinschaftlichen Verluste fast nichts mitträgt, sondern im Gegenteil für die Fünffrankenstücke, welche ihr die andern Staaten gewissermassen nur leihweise überlassen, bei der Auflösung des Bundes goldene Zwanzigfrankenstücke in Eigentum bekommt. — Ich bediene mich hier mit Absicht der Terminologie der Verfechter des Standpunktes des blossen Gepräges, um diese zu widerlegen. Ich glaube übrigens, dass diese ganze Theorie des Gepräges nur auf einem durch das partikulare Gepräge der einzelnen Stücke

prägte, sodass in Brüssel manchmal direkt für den Schweizer Umlauf Geld ausgemünzt wurde. Da in Frankreich, Belgien und Italien freies Prägerecht für Silber und Gold bestand, musste natürlich, bei der Gleichgiltigkeit des partikularen Gepräges die am günstigsten gelegene und am promptesten arbeitende Münzstätte bevorzugt werden. Die erstere war entschieden die Brüsseler Münze. Dafür kann doch aber der betreffende Staat, welcher mit seinem Stempel nur für die richtige Ausmünzung garantiert, nicht verantwortlich gemacht werden[1], zumal er selbst bei der Prägung keinen

---

hervorgerufenen eigentlich unrichtigen Sprachgebrauch beruht. Wir sagen „französische", „belgische", italienische" u. s. w. Fünffrankenstücke, weil die einzelne Münze Wappen und Namen des Staates trägt, auf dessen Münzstätte sie ausgemünzt wurde. Mit diesem Sprachgebrauch erzeugt sich der Begriff, dass diese Münzstücke Frankreich, Belgien oder Italien „gehören", eine oft gehörte aber sehr unklare Vorstellung; dass infolgedessen die einzelnen Staaten für den an den ihnen „gehörenden" Stücken entstandenen Verlust aufkommen müssen. Hätte der lateinische Münzbund Bundesmünzen mit gleichartigem Gepräge, nur mit verschiedenen Münzzeichen geschlagen, niemanden wäre es eingefallen, von „französischen" oder „belgischen" Fünffrankenstücken zu reden. Man hätte vielleicht von „lateinischen" oder „Bundesmünzen" gesprochen, und damit auch den Begriff der Gemeinsamkeit des Geldes in sich aufgenommen. Wäre dann die Liquidationsfrage aufgetaucht, so wäre zwar jedenfalls eine Liquidation nach dem Münzzeichen mindestens vorgeschlagen, vielleicht auch durchgesetzt worden, im Volk selbst aber hätte diese Liquidation nicht dasselbe Verständnis und in der allgemeinen Stimmung nicht denselben Rückhalt gefunden, wie es unter den thatsächlichen Verhältnissen der Fall war, wo jeder Schusterjunge es natürlich fand, dass die „belgischen" Fünffrankenstücke von Belgien eingelöst werden müssten.

[1] Lexis, der den Standpunkt des Gepräges vertritt — in Sachen des lateinischen Münzbundes — siehe Handwörterbuch der Staatswissenschaften, IV. S. 1247, macht allerdings geltend: Durch die Tarifierung des unterwertig gewordenen Geldes in vollwertigem und durch Verleihung des Zwangskurses, in Form gesetzlicher Zahlungskraft, an das unterwertige Geld habe der betreffende Staat „mindestens die moralische Verpflichtung übernommen, diesen Wert auch aufrecht zu erhalten". Ganz abgesehen davon, dass Aufrechterhaltung dieses Wertes nicht notwendigerweise in der direkten Einlösung des präsentierten unterwertigen Geldes bestehen muss — Belgien konnte sich z. B. sehr wohl weigern, Fünffrankenstücke seines Gepräges

Gewinn macht [1] und die mit seinem Stempel versehenen Münzen kraft der Staatsverträge zu *Bundesgeld* werden.

---

nach Auflösung des lateinischen Münzbundes auf Präsentation in Gold einzulösen, ihre gesetzliche Zahlungskraft gleich 5 Franken Gold innerhalb seines Staatsgebietes aber dennoch anerkennen und aufrechterhalten — ganz abgesehen davon ist festzuhalten: Die *Tarifierung der silbernen Fünffrankenstücke war nicht partikular durch die einzelnen Staaten* erfolgt, sondern von der *Gesamtheit*, dem *Bunde*, in dem *Grundvertrag*. Wenn auch diese Tarifierung durch *Landesgesetze* der einzelnen Staaten erst in kraft treten konnten, so ändert das an der Sache nichts. Der einzelne Staat tarifierte ja *nicht nur seine eigenen Fünffrankenstücke, sondern auch die der Unionsstaaten*, und wenn ein *Franzose* ein *belgisches* Fünffrankenstück annahm, dann nahm er es nicht, weil er es in *Brüssel* zu 5 Frank wieder ausgeben konnte, sondern weil er es kraft *französischen* Gesetzes in *Frankreich* bei jeder öffentlichen Kasse zu seinem Nennwert anbringen konnte. Daraus folgt gerade das *Gegenteil* der Lexis'schen Ansicht. Weil nicht *Belgien allein*, sondern auch *Frankreich* und die *Schweiz* die *belgischen* Fünffrankenstücke tarifirt hatten, war nicht Belgien allein, sondern waren auch die andern Unionsstaaten „mindestens moralisch" verpflichtet, diesen Wert auch aufrecht zu erhalten. Ferner: *Unterwertig* waren die Fünffrankenstücke *nicht von vornherein*, sondern sie wurden es erst durch *Beschränkung* und *Einstellung ihrer Prägung*, d. h. durch den *Übergang zur thatsächlichen Goldwährung*. Wäre die Silberprägung nicht eingestellt worden, so hätte es im lateinischen Münzbund überhaupt nie ein unterwertiges Kurantgeld gegeben. Gemäs den allgemein anerkannten Gesetzen der *Alternativ-Währung* wäre der lateinische Münzbund auf direktem Wege zur *thatsächlichen Silberwährung* gelangt; in diesem Fall wären die silbernen Fünffrankenstücke in der lateinischen Union ebenso vollwertiges Geld geblieben, wie es die Thaler in Österreich bis 1879 noch waren. Die Beschränkung und Einstellung der Silberprägung, welche die Unterwertigkeit der Fünffrankenthaler im Gefolge hatte, war aber ebenfalls *keine partikulare Massregel*, sondern *eine Massregel des Gesamtbundes*. Also: Der *Bund* hat die *Tarifierung* ausgesprochen, der *Bund* hat die *Unterwertigkeit* der Fünffrankenstücke veranlasst: ergo hat der *Bund als solcher* die Folgen zu tragen.

[1] Das traf allerdings nur bis 1874 zu. Die Ausmünzungen nach 1874 waren Ausmünzungen eines bereits unterwertigen Geldes. Auf Rechnung von Privaten wurde diese überhaupt nicht mehr vorgenommen, sondern nur auf Rechnung und zum Vorteil der Regierungen. Ihrem Charakter nach unterschied sich also von 1874 ab die Aus-

Stellen sich bei einem zur Zeit seiner Ausprägung vollwertigen Umlaufsmittel später durch gemeinsame Massnahmen der vertragenden Staaten hervorgerufene Verluste heraus, so muss billigerweise die Gesamtheit, welche ja in Bezug auf ihr Münzwesen eine Einheit darstellt, diese Verluste auf sich übernehmen. Auf die einzelnen Glieder sind diese dann billigerweise so zu verteilen, dass jeder Staat ein seinem Vorteil an dem gemeinschaftlichen Umlaufsmittel entsprechenden Teil des Verlustes trägt, ob man nun als Massstab die Bevölkerung oder was sonst annimmt.[1] Darüber wird man sich aber in Güte verständigen müssen. Deutschland und Österreich haben das ge-

---

münzung von silbernen Fünffrankenstücken nur dadurch von der Ausmünzung von Scheidemünzen, dass die Regierungen die Verpflichtung hatten, ihre Scheidemünzen auf Verlangen in Kurantgeld einzulösen, bezüglich der Fünffrankenstücke jedoch nur die Verpflichtung, sie zu ihrem Nennwert an ihren Kassen anzunehmen. Bei einer Liquidation würden demnach die vom Jahre 1874 ab geprägten Fünffrankenstücke analog den Scheidemünzen zu behandeln sein.

[1] Was die Verteilung des Verlustes auf die einzelnen Staaten eines Münzbundes unter sich angeht, so wird hier keine unbedingte Norm aufzustellen sein, wenigstens keine praktische. Den allgemeinen Grundsatz kann man wohl aussprechen: Je nachdem ein Staat an dem gemeinsamen Umlaufsmittel Nutzen gehabt hat, soll er auch an dem an diesem entstandenen Verluste mittragen. Wie aber ist dieser „Nutzen" zu bemessen? Weder Bevölkerungszahl noch Gebietsgrösse gibt einen sicheren Anhaltspunkt, schon nicht unter normalen Geldverhältnissen, noch viel weniger natürlich unter anormalen, z. B. bei Zwangskurs für Papiergeld in einzelnen verbündeten Staaten. — Wie wenig die Bevölkerung einen Massstab abgibt, sieht man schon daran, dass in verschiedenen Ländern ganz verschiedene Summen Metallgeldes auf den Kopf der Bevölkerung kommen. Auch die allgemeine höhere wirtschaftliche Entwickelung involviert nicht allgemein ein gesteigertes Mass von Umlaufsmitteln; ihre Wirkung nach dieser Richtung scheint durch die vermehrte Anwendung von Kredit- und Abrechnungsmitteln mehr als paralysiert werden zu können.

Nach O. Haupt, Gold, Silber und Währung, kamen anfang 1892 auf den Kopf der Bevölkerung an Umlaufsmitteln in

Frankreich . . .	212	Frank
Holland	143	„
Nord-Amerika . .	128	„

than; in der lateinischen Münzunion ist eine billige Verständigung nicht geglückt.

Dieser verschiedene Ausgang hat seinen Grund zum mindesten teilweise in den verschiedenen Machtverhältnissen.

Wir haben gesehen: Österreich war Deutschland gegenüber zu einer einlösungslosen Ausserkurssetzung seiner Thaler berechtigt, ganz abgesehen davon, dass es zu einer Einlösung, ehe es die Thaler ausser Kurs setzte, Deutschland gegenüber nicht verpflichtet war. Ganz ebenso stand Belgien nach einer Sprengung des lateinischen Münzbundes gegenüber Frankreich und der Schweiz. Aber, und jetzt kommt der entscheidende Unterschied: Österreich konnte seine Thaler ohne Einlösung ausser Kurs setzen, ohne auf seine eigenen Staatsangehörigen Rücksicht nehmen zu müssen, denn österreichische Vereinsthaler waren in Österreich nicht mehr im Umlauf. Belgien konnte nicht so vorgehen. Durch eine einlösungslose Ausserkurssetzung der belgischen Fünffrankenstücke hätte es seine eigenen Angehörigen schwer geschädigt. Österreich war also im stande, auch einer kommerziellen Rückleitung seiner Thaler wirksam vorzubeugen, Belgien war nicht in dieser glücklichen

England	103	Frank
Deutschland . . .	97	„
Italien	55	„
Russland	25	„

Also das Vereinigte Königreich, das industriell und kommerziell am meisten entwickelte Land, kommt hier erst an vierter Stelle.

Da die erwähnten Umstände nicht geeignet sind, einen sicheren Masstab zur Verteilung des an dem gemeinschaftlichen Umlaufsmittel entstandenen Verlustes zu bilden, auch die Schätzung des Münzumlaufes der einzelnen Länder auf zu unsicherer Grundlage beruht, um hier ohne weiteres als Kriterium dienen zu können, kann die Verteilung des Verlustes nur nach gütlicher Übereinkunft, ex aequo et bono erfolgen, oder: auf dem Wege der Gewalt, durch den Gebrauch von Machtmitteln, auf welchem Wege die Liquidationsklauseln des lateinischen Münzbundes thatsächlich zu stande gekommen sind.

Lage. Österreich war also nicht auf ein Übereinkommen angewiesen; kam ein solches nicht zu stande, so konnte es seine Thaler verläugnen. Belgien dagegen war mit gebundenen Händen ausgeliefert. In Rücksicht auf das belgische Publikum musste es sein Gepräge anerkennen, dadurch die kommerzielle Rückleitung seines Kurantsilbers gestatten; und die Bank von Frankreich hatte sich für diesen Fall gewaffnet: Hunderte von Millionen Franken hatte sie in belgischem Silber aufgespeichert.[1]

Frankreich und die Schweiz haben, wie bekannt, diese Zwangslage Belgiens für ihren Vorteil benutzt. Belgien muss nach der Liquidationsklausel vom 6. November 1885 zwar nur die Hälfte seines in französischem Umlauf befindlichen Silberkurants und höchstens 6 Millionen Frank des in der Schweiz umlaufenden in Baar (Gold oder silbernen Fünffrankenstücken des empfangenden Staates) oder Wechseln einlösen. Dagegen darf es während der auf die Auflösung der Münzunion folgenden fünf Jahre seine Fünffrankenthaler nicht ausser Kurs setzen, damit der Frankreich und der Schweiz verbleibende Rest auf kommerziellem Wege zurückgeleitet werden kann. Das ist jedoch nur eine andere Art der Einlösung. — Ähnliche Verpflichtungen musste auch Italien übernehmen.[2]

Hier hat also das Gepräge glänzend gesiegt. Ich hoffe, durch meine Auseinandersetzungen wenig-

---

[1] Siehe Bamberger, Schicksale des lateinischen Münzbundes, S. 22:

„Die Machtfrage kommt in der Thatsache vorwiegend zum Ausdruck, dass die französische Bank allmählich die belgischen und italienischen Fünffrankenstücke in Massen (hunderte von Millionen von Wert) angehäuft hat und damit droht, bei Nichterneuerung des Vertrages die ganzen Vorräte den austretenden Heimatländern über den Hals zu schicken" u. s. f.

[2] Siehe das Detail bei Lexis, Der lateinische Münzbund, Handwörterbuch der Staatswissenschaften, IV, S. 1247.

stens so viel erreicht zu haben, dass für diese Lösung niemand den Vorzug der Billigkeit in Anspruch nimmt.[1]

Während so die Lösung im lateinischen Münzbunde auf einer völligen Überschätzung des Münzstempels, auf einer totalen Verkennung des Wesens des Geldes und der Münzvereine mit gemeinschaftlichem Umlaufsmittel beruht, hat man bei der Liquidation der österreichischen Thaler im grossen und ganzen mit Recht nach deren Geldcharakter, nicht nach ihrem Münzcharakter entschieden. Ein kleines Opfer glaubte Österreich den herrschenden falschen Anschauungen allerdings bringen zu müssen, durch die Übernahme der $8^2/_3$ Millionen Thaler. Dafür aber nahm das deutsche Reich den Verlust an dem Rest ganz allein auf sich und gab jeden Anspruch auf, diesen im Wege des gewöhnlichen Verkehrs nach Österreich zurückzuleiten. Die der lateinischen Liquidationsklausel analoge Lösung der Vereinsthalerfrage wäre folgende gewesen: Österreich übernimmt die Einlösung von $8^2/_3$ Millionen österreichischer

---

[1] Es sei hier nochmals auf die bereits erwähnte Schrift von Bamberger, Die Schicksale des lateinischen Münzbundes, 1886, hingewiesen. — Bamberger hat sich einigermassen von der Theorie des Gepräges emanzipiert. Er ist der Ansicht, Belgien könne Frankreich und der Schweiz gegenüber nie und nimmer zu einer Einlösung seiner Fünffrankenthaler verpflichtet sein, und diesen Standpunkt verteidigt er glänzend. Seine Beweismittel leitet er hauptsächlich daher, dass gegen einen Staat aus der Ausmünzung vollwertigen Geldes, besonders bei bestehendem Prägerecht für Private, kein Rechtsanspruch irgend welcher Art hergeleitet werden könne. — Dann aber begeht er die Inkonsequenz, den Satz aufzustellen: Jeder Staat müsse sein Gepräge anerkennen, welchen Satz er noch im Jahre 1891 in der Dorn'schen „Volkswirtschaftlichen Wochenschrift" vom 26. November gegen Landesbergers erwähnten Aufsatz aufrecht erhielt. —

In der Wirkung kommt das auf dasselbe hinaus, wie eine direkte Einlösung. Der Weg der kommerziellen Rückleitung bleibt offen und wird naturgemäss benutzt werden, so dass am Ende jeder Staat, wie bei einer Einlösung, den ganzen Verlust, welcher an den von ihm geprägten Münzen entstanden ist, trägt. Der Unterschied ist nur, dass bei einer Einlösung der Verlust den Fiskus direkt trifft, bei einer kommerziellen Rückleitung nur indirekt, in Form einer ihm erwachsenden schwebenden Schuld.

Vereinsthaler, vielleicht auch die Einlösung einer grösseren Summe. Ferner verpflichtet es sich vor Ablauf einer bestimmten Zeit den österreichischen Vereinsthaler nicht ausser Kurs zu setzen, damit Deutschland den ihm verbleibenden Rest auf kommerziellem Wege nach Österreich zurückführen kann.

Es ist ein erfreuliches Zeichen, dass eine solche Lösung nicht zu stande gekommen, ein erfreuliches Zeichen besonders dafür, dass man angefangen, über die Verschiedenheit und gegenseitige Unabhängigkeit der Begriffe „Geld" und „Münze" klar zu werden; allerdings scheint hier die münzpolitische Praxis der Wissenschaft vorangegangen zu sein.

FSC
www.fsc.org
MIX
Papier | Fördert
gute Waldnutzung
FSC® C083411

Kolibri 360 GmbH
Ferdinand-Jühlke-Straße 7
99095 Erfurt, Deutschland
produktsicherheit@kolibri360.de